MVFOL

Leyes Eternas

Leyes Eternas

principios universales de superación y valores

volumen 1

recopilación de las frases más contundentes de

Carlos Cuauhtémoc Sánchez

Ediciones Selectas Diamante
Libros que transforman vidas

LEYES ETERNAS
Volumen 1

Derechos reservados:
© 1998 Carlos Cuauhtémoc Sánchez
© 1998 Ediciones Selectas Diamante, S. A. de C. V.
 Libros que transforman vidas
 Convento de San Bernardo No. 7, Jardines de Santa Mónica
 Tlalnepantla Estado de México, C. P. 54050 Ciudad de México.
 Tels. y Fax: (5) 397-31-32, 397-60-20, 397-79-67, 397-59-21
 E-mail: diamante@data.net.mx
 Miembro de la Cámara de la Industria Editorial Mexicana No. 2778

ISBN: 968-72-77-23-3

IMPORTANTE:

En la portada de todos los libros *"Leyes Eternas"*, debe estar el holograma de autenti-cidad, dorado, tridimencional, con la figura de un diamante, exclusivo de los libros originales. Si este volumen u otro no lo tiene, por favor dé aviso a la P. G. R. o a Ediciones Selectas Diamante, reportando el lugar donde lo adquirió.

IMPRESO EN MÉXICO
PRINTED IN MEXICO

Diseño de cubierta y formación: J. Jorge Sánchez Noguéz
Ilustración de cubierta: © Aris Multimedia Entertainment, Inc. 1984
Imágenes: Leyes 12, 17, 19 y 26, archivos fotográficos de Ediciones Selectas Diamante, S. A. de C. V. ©1992-1998.
Leyes 2, 3, 4, 5, 6, 7, 8, 9, 14, 18, 21, 23, 25, 27 y 28, de Corel Corporation y Corel Corporation Limited ©1988-1997,
protegidas por las leyes de derechos de autor de U. S., Canadá y otros países. Usadas bajo licencia. Leyes 1 y 22, de
IMSI MasterClips ©1995-1996, fotos Seattle Support Group ©1995. Leyes 10 y 13, de Cerious Software ©1993-1994.
Leyes 11, 15, 16, 20 y 24, de Expert Software Inc. ©1995

ÍNDICE

Leyes Eternas

- Sabiduría eterna
- Vive los conceptos
- Éxito en base a las leyes

DE SUPERACIÓN

- Las ocho zonas que requieren equilibrio
- Zonas básicas
- Zonas superiores
- Conquistando zonas superiores

- El segundo aire
- La última experiencia
- Exhortaciones

- Acción y reacción
- Advertencias
- Las cuatro causas de todo mal

DE PAREJA

DE PADRES E HIJOS

DE ESPÍRITU Y MENTE

PRÓLOGO

En *Ediciones Selectas Diamante*, motivados por incontables sugerencias, hemos realizado la presente recopilación de las obras del autor. Él mismo, ha dado el visto bueno a las frases seleccionadas y ha sugerido el nombre de las leyes. Estamos convencidos de que se trata de un trabajo interesante, pues, aunque abundan libros de citas, las de Carlos Cuauhtémoc Sánchez tienen algo especial. Sus libros han roto varios récords de ventas en el mundo y sus lectores se cuentan por millones; además, la innumerable cantidad de cartas que recibimos cada mes en las oficinas de la editorial, confirman que las novelas del autor han transformado positivamente muchas vidas.

Algunos estudiosos se preguntan a qué se debe tal fenómeno. Nosotros nos atrevemos a suponer que obedece a la *legitimidad* y a la *forma*. En la literatura como en la oratoria, la manera de exponer los conceptos es lo que les da veracidad; sobretodo en esta época en la que ciertos líderes nos han enseñado a desconfiar de los discursos demagógicos. Los lectores, ahora, son más celosos de su tiempo, exigen calidad en la redacción y rapidez en las ideas. Con frecuencia conocen el mensaje de antemano, pero no lo dan por cierto hasta ser impactados por la *forma y franqueza* de la exposición. Las novelas de Carlos Cuauhtémoc Sánchez consiguen impactar. Se basan en historias reales y proponen soluciones precisas a problemas que todos tenemos.

Oscar Wilde aseguraba: "No existen libros morales o inmorales, los libros están bien y mal escritos, *eso es todo*."

Como siempre, no faltan opositores en busca desesperada de desacreditar las obras exitosas, argumentando que, hoy en día, la gente no sabe lo que compra ni lo que lee. En la "ley de contracorriente" de este volumen se nos explica el fenómeno de forma gráfica:

"El joven emprendedor comete dos pecados: descubrir nuevos procedimientos y ser joven. Los dinosaurios anquilosados lo condenarán y tratarán de destruirlo".

Por otro lado, también hay quienes, al no practicar el estilo de vida propuesto en los libros de valores, se dedican a rebatirlos.

Carlos Cuauhtémoc Sánchez, ha continuado su trabajo sin responder a los agresores. En cierta ocasión, a esta casa editorial nos llegó una carta que cuestionaba la trayectoria del autor. Él mismo la contestó, pero, como sus palabras fueron manipuladas y publicadas fuera de contexto en un periódico, creemos interesante darlas a conocer completas. La carta resuelve muchas dudas respecto al autor y justifica plenamente la existencia de esta recopilación.

Los Editores

Apreciada "periodista":

En respuesta a sus múltiples preguntas, debo confesarle que ignoro las razones que han hecho a estas obras mías ganar tal número de lectores. Hay quienes aseguran que llenan un vacío espiritual, otros dicen que responden a la necesidad de retomar los valores fundamentales, algunos creen que llegan en un momento crítico en el que las personas ansían palabras de aliento; otros, menos románticos, las consideran obras comerciales diseñadas para la venta masiva. En verdad, no me adhiero por completo a ninguna de estas opiniones. Siempre ha habido libros de superación personal, desde milenios atrás se han difundido filosofías de crecimiento espiri-

tual; qué mejor obra que la Biblia para llenar los vacíos del alma; qué mejores autores que quienes innovaron, desde principios de siglo, la literatura de autoayuda como Napoleón Hill, Dale Carnegie, Norman Vincent Peale, W. Emerson y muchos más. Por otro lado, es verdad que mis libros se publican en una época de gran hambre moral, pero no deja de ser la misma época en la que se publican centenares de libros similares que no tienen la misma suerte en las estadísticas.

¿Me pide razones que expliquen eso? Lo siento. No cuento con ellas. Lo único que puedo decir en condescendencia al "fenómeno editorial", como usted lo llama, es que mis escritos tienen el respaldo de muchas horas de estudio y trabajo. Me dedico en cuerpo y alma a investigar. Leo y resumo varios libros cada mes. Escribo cursos, conferencias e historias que la gente comparte conmigo. Tengo un importante equipo de asesores. Nada más.

Desde niño, anhelaba ser como mi abuelo. Lo admiraba mucho. Claudio Gutiérrez Marín era escritor y doctor en filosofía. Hoy se sabe que la mente no puede diferenciar los hechos reales de los visualizados con realismo. Así que, sin serlo, desde mi más incipiente juventud comencé a comportarme como escritor. Llevaba una pesada máquina de escribir portátil a la escuela secundaria y, cuando teníamos alguna hora libre, mis compañeros iban a las canchas de futbol y yo me encerraba en un aula a escribir. La primera novela corta que redacté, cuyo borrador aún conservo, está fechada en marzo de 1976, cuando apenas contaba con doce años de edad. A partir de entonces me dediqué a escribir diariamente. Durante mi adolescencia y juventud no recuerdo, salvo casos excepcionales, ninguna noche en la que me hubiera dormido sin escribir. Llegar a ser como mi abuelo y superarlo, se convirtió en una obsesión. A los dieciocho años tenía varias decenas de cuentos, poemas y una novela larga —de mil doscientas cuartillas—, titulada "Te extrañaré". Con esos trabajos obtuve el Premio Nacional de las Mentes Creativas. Durante la ceremonia de premiación pude charlar con el maestro Juan Rulfo, quien leyó mi trabajo y con su pluma y letra escribió una carta de recomendación, dirigida al jurado del Premio Nacional de la Juventud en Literatura.

Los libros que han salido a la luz pública son el producto final de miles de páginas escritas durante más de veinte años ininterrumpidos. Estoy convencido de que la juventud es el momento de sembrar semillas y pulir destrezas. Resultará difícil que un violinista dedicado a practicar diariamente desde los diez años de edad, no sea hábil a los treinta y experto a los cuarenta. Me pregunta en su carta a qué atribuyo la suerte que he tenido. Discúlpeme; pero, sin ser pretencioso, diré que no creo en la buena suerte. El camino hacia las grandes metas jamás es raso ni ancho; no existe receta mágica para triunfar, salvo ésta: administrarse, trabajar, sacrificarse, dedicarse día y noche, en cuerpo y alma, a perseguir los anhelos.

Pasando a otro tema, comprendo que le asombre mi título profesional. En efecto, soy ingeniero electromecánico especializado en dirección de empresas, pero, mi profesión no es, como usted supone, antagonista de mi oficio. Por lógica un "pianista–contador–auditor", por ejemplo, debe componer de manera distinta (no digo mejor, sino distinta) a un simple pianista. Diré, sin poder evitar un poco de orgullo, que al ingeniero se le enseña a concretizar lo abstracto, a hallar soluciones viables en las encrucijadas y a desmenuzar las teorías para arrancarles resultados exactos. Creo que mis libros nunca serían lo que son sin el respaldo de mi profesión.

En este orden de sinceridad, hay algunos elementos más que es importante mencionar:

Durante varios años formé parte del equipo mexicano olímpico de ciclismo; los arduos entrenamientos, las férreas competencias y las lacerantes caídas me enseñaron a nunca darme por vencido.

Provengo de un hogar estable en el que siempre hubo equilibrio entre disciplina y amor incondicional.

*Ahora, estoy locamente enamorado de mi esposa Ivonne y adoro a mis tres hijos, Sheccid, Sahian y Zahid. **Ella** es mi mejor amiga y la más dura de mis críticos, **ellos** el leitmotiv de mis escritos y el aliento que me mueve a buscar las estrellas cada día.*

Aunque parezca una nimiedad, el apoyo familiar le da fuerza a mi trabajo.

Por último, debo agregar un ingrediente sin el cual el rascacielos se de-

rrumbaría como pirámide de naipes: *Amo al Señor y he entregado incondicionalmente mi vida a Él*. Soy cristiano, católico, estoy convencido de que Dios tiene una misión de trascendencia para cada persona y que todo cuanto nos sucede en la vida nos acerca más a esa misión. Así que no me vanaglorio ni de mi abuelo, ni de los años trabajados, ni de mi profesión, ni de mi familia, pues sé que las circunstancias vividas constituyen regalos formativos y que todo cuanto los seres humanos poseemos son riquezas prestadas, con el compromiso implícito de una respuesta seria y responsable de nuestra parte.

En resumen, debo confesar que el éxito me asusta más de lo que me halaga, pues el día en que deje de vivir los conceptos que divulgo, mis escritos se convertirán en papel de desperdicio.

Sólo me resta decir que estoy muy agradecido con Dios por tantas bendiciones y con los lectores por dedicar tiempo a leer mis libros.

Con cariño

Carlos Cuauhtémoc Sánchez

1

Ley de las leyes

Toda la creación se rige a base de leyes. Nadie puede desafiarlas. El que lo haga sufrirá las consecuencias de esa transgresión.

de "Un grito desesperado"

SABIDURÍA ETERNA

Citas tomadas de "Un grito desesperado"

Si sales por la ventana de un edificio tratando de volar por los aires, la ley de gravedad te matará. Las leyes se cumplen siempre. La sabiduría se mide en función de las leyes que se comprenden.

~·~

Además de las leyes físicas y químicas, existen, desde siempre, leyes vitales. Son parte de la creación. Para crecer verdaderamente, es imprescindible ponerse en contacto con ellas.

~·~

Busca las leyes en los buenos libros de superación personal, en la Biblia, en conferencias sobre el éxito, en homilías, en tratados de moral. Las verdades eternas están a tu alcance.

~·~

Tarde o temprano todos debemos entender las leyes morales de la creación: los rebeldes con lágrimas, sinsabores y amargura; los competentes, que hacen suya la experiencia de otros, con alegría y paz.

~·~

Conociendo las leyes eternas irás descubriendo una poderosa energía, interior, con la que lograrás la realización diaria y la felicidad.

VIVE LOS CONCEPTOS

Una persona puede escuchar leyes a lo largo de su vida, aprenderlas y quedar inmune a ellas. Por eso es tan difícil aconsejar a un adulto y por eso, en comparación con los jóvenes, los adultos se superan con tanta lentitud; creen saberlo todo.

de "Un grito desesperado"

Un libro de superación personal puede perjudicar. Leído superficialmente brinda sabiduría falsa. El coleccionista de frases se cree maestro pero, a veces, se convierte en un necio sabihondo.

de "Un grito desesperado"

~·~

Las verdades no deben saberse sino sentirse; no deben aprenderse sino vivirse. Déjate guiar. Puedes suponer que estás haciendo el bien cuando en realidad estás haciendo lo más cómodo y placentero.

de "Un grito desesperado"

~·~

No basta con recitar los conceptos, es necesario practicarlos. Hay hombres que atesoran toda la sabiduría del éxito y, sin embargo, son unos perfectos fracasados.

de "Un grito desesperado"

~·~

Si adquieres un libro que no lees, tiraste el dinero; pero, si lo lees, el precio que pagaste no es nada en comparación con los enormes beneficios que puede brindarte.

de "La fuerza de Sheccid"

~·~

Las cosas valen por su "valor de aplicación": lo que se usa es barato; lo que no se usa, caro.

de "La fuerza de Sheccid"

~·~

El engreído que sólo busca el "valor de presunción" encuentra ruina y desgracias.

de "La fuerza de Sheccid"

ÉXITO EN BASE A LAS LEYES

No vamos a cambiar al mundo, pero para ser felices en él, a pesar de la adversidad, debemos tratar de comprenderlo mejor.

de "Volar sobre el pantano"

~·~

Para lograr el éxito en la vida se requiere, primeramente, ponerse en contacto con las leyes eternas y, una vez frente a ellas, seguir tres simples pasos:

1. **SER HUMILDE DE CORAZÓN** (para aceptar nuestra necesidad de mejorar).
2. **MEDITAR EN SOLEDAD** (para obtener conclusiones personales).
3. **DAR TESTIMONIO DE LAS CONCLUSIONES** (para comprometerse con ellas).

de "Un grito desesperado"

INTRODUCCIÓN

LEYES DE SUPERACIÓN

Zonas de equilibrio
Mentalidad triunfadora
Causalidad
Buena suerte
Juventud constructiva

2
Ley de las zonas de equilibrio

El equilibrio es la clave de la felicidad. La vida de los seres humanos consiste en mantener el equilibrio perfecto de sus zonas de atención.

de "Volar sobre el pantano"

ZONAS BÁSICAS

1. EQUILIBRIO CORPORAL

Se adquiere al atender y disfrutar las necesidades fisiológicas. La estabilidad se rompe con enfermedades, carencias, vicios o malos hábitos. Cualquier problema físico afecta a esta zona y nos obliga a dedicarle todo nuestro tiempo.

2. EQUILIBRIO EMOCIONAL

Se consigue al vivir con alegría, confianza y paz interior. La armonía se rompe y la persona se inmoviliza, cuando hay emociones negativas como miedo, culpa, ira, rencor, celos o tristeza.

3. EQUILIBRIO APROBATORIO

Se obtiene con una sana autoestima al sentirnos aceptados y queridos. Se pierde al recibir el rechazo de otros, al ser ignorados o agredidos. La persona detenida aquí, sólo pensará en ganarse la aprobación de los demás.

4. EQUILIBRIO PREVENTIVO

Se logra con la obtención de bienes materiales: casa, coche, ingresos fijos, seguros, cuenta de ahorros. Se pierde cuando la estabilidad futura se ve comprometida por falta de recursos.

ZONAS SUPERIORES

5. EQUILIBRIO DE APRENDIZAJE

Se alcanza con el crecimiento intelectual sostenido. Atendemos esta zona al leer, estudiar, experimentar, investigar y ensayar con la finalidad de ser mejores. La monotonía y el aburrimiento rompen el equilibrio de esta zona.

6. EQUILIBRIO DE CREACIÓN

Se obtiene al atender la faceta inventiva (escribiendo, pintando, componiendo, decorando, construyendo, diseñando, etcétera.) El equilibrio se rompe cuando la persona no quiere o no puede dedicarse a una actividad creativa.

7. EQUILIBRIO DE AMOR Y SERVICIO

Se consigue pensando en las necesidades de otros, ayudando, escuchando, consolando, brindando apoyo, enseñando y cuidando a otras personas. El equilibrio se pierde con el egoísmo.

8. EQUILIBRIO DE MISIÓN

Se logra al trabajar con un sentido de misión y trascendencia implícitamente ligado al compromiso de saber que un Ser Supremo espera algo de nosotros. Para lograr estabilidad en esta zona se requiere equilibrio en las siete anteriores.

CONQUISTANDO ZONAS SUPERIORES

Citas tomadas de "Volar sobre el pantano"

Alguien puede hacer un trabajo pensando en el dinero; pero, en cuanto comienza a crear, se olvida del pago pues ha ascendido de la zona preventiva a la de creación.

~·~

Para subir al peldaño de creación hay que pasar primero por el de aprendizaje. Un compositor sólo podrá crear obras magníficas, si durante años ha practicado la ejecución de su instrumento.

~·~

La calidad de una obra creativa está íntimamente ligada a las horas de trabajo invertidas por su autor en el estudio de esa rama.

~·~

Casi todos seríamos capaces de realizar obras similares a las de los genios, si estuviésemos dispuestos a pagar el precio de la constancia en el binomio creación—aprendizaje que ellos pagaron.

~·~

Ante el desequilibrio de una zona básica, será difícil atender otra zona superior. Por ejemplo, un niño enfermo (*física*), atemorizado (*emocional*) o rechazado (*aprobatoria*), no podrá escuchar a su profesora en la escuela (*aprendizaje*).

~·~

El equilibrio en la zona de amor y servicio se logra mejor cuando se atiende la prioridad del ser humano: la familia.

3
Ley de la mentalidad triunfadora

El triunfador persevera con agrado en la lucha lacerante. Sabe que su valor no estriba en los triunfos que ha acumulado, sino en las veces que se ha levantado de sus fracasos.

de "La fuerza de Sheccid"

EL SEGUNDO AIRE

Texto tomado de "Volar sobre el pantano"

Hay un dicho deportivo que versa: "Si no duele, no hace bien". Sólo pueden ganar competencias importantes los atletas, estudiantes, profesionistas, empresarios y jefes de familia que lo entienden.

En la pugna, todos los contendientes comienzan a sufrir al alcanzar el borde de la fatiga. Es una frontera clara en la que muchos abandonan la carrera, convencidos de que han llegado a su límite. Pero quienes no desfallecen, quienes hacen un esfuerzo consciente por aceptar el dolor que otros evaden, de pronto rompen el velo y entran en un terreno nuevo que se llama "segundo aire". En el segundo aire, la energía regresa en mayores cantidades, los pulmones respiran mejor, el sistema cardiovascular trabaja con más eficiencia y el cerebro agudiza sus sentidos. Sólo en el segundo aire se triunfa; sólo en este terreno se hacen los grandes inventos; sólo aquí se realizan las obras que trascienden y las empresas que dejan huella.

Debemos llegar siempre a nuestro segundo aire. Debemos insistir y resistir.

Sabemos que dando más de lo que debemos dar, recibiremos más de lo que esperamos recibir.

Sabemos que nuestros resultados son superiores porque los obtuvieron después de la fatiga, porque no fueron fáciles ni gratuitos, porque hicimos un esfuerzo extra en la vereda.

Nuestro amor por lo bien hecho nos une, lo mismo que nuestra complicidad por haber llegado juntos a la línea de sufrimiento y haberla traspasado para permanecer juntos en el segundo aire, donde ya no se sufre, donde todo son resultados.

Carlos Cuauhtémoc Sánchez

LA ÚLTIMA EXPERIENCIA

Citas tomadas de "la Fuerza de Sheccid"

Las personas somos lo que creemos ser y nuestras "etiquetas" se forman con el recuerdo de nuestras últimas experiencias.

~·~

Cuando el conductor de un automóvil sufre un accidente grave, su primera reacción es no volver a conducir. Quien se cae de la bicicleta no querrá volver a pedalear. Si persiste en la deserción, quedará marcado para siempre.

~·~

Todos los "no puedo" tienen el mismo origen: un fracaso no superado, una caída tras la que no se realizó otro intento, un error que se fijó como la última experiencia.

~·~

Nuestras expectativas en deporte, estudios, oratoria y hasta en relaciones humanas o amorosas, están determinadas por nuestras últimas experiencias.

~·~

Toda información nueva, al penetrar en la mente, tiende a sustituir la información antigua relacionada con el mismo tema. El que sufrió un revés, no quiere intentarlo de nuevo; el que tuvo éxito, está dispuesto a volver a tenerlo.

~·~

La clave para ser hábil en una disciplina no es practicarla cuando sale bien, sino volver a intentarla cuando sale mal.

EXHORTACIONES

Todas las citas, a excepción de la primera, tomadas de "Volar sobre el pantano"

Valemos lo que tenemos en la mente y en el alma. Alcanzamos lo que soñamos con toda intensidad.

de "Juventud en éxtasis 2"

~·~

Nadie triunfa por casualidad. Cada hombre exitoso posee una filosofía de vida que lo lleva a tomar decisiones correctas en los momentos precisos.

~·~

Mañana sólo cosecharás aquello por lo que hoy te partiste el alma.

~·~

Los de mente arcaica piden limosna; son inútiles, aunque tengan veinte años de edad... Pero tú eres joven mentalmente. Tú puedes lograr tus sueños.

~·~

Comienza a hacer lo que te corresponde, hoy mismo. Haz que tu mejor esfuerzo se convierta en tu mejor plegaria.

~·~

Ora así: "Señor, lo que tengo que hacer, lo haré lo mejor que pueda, pondré mi mayor cuidado y entusiasmo. Obsérvame en la entrevista o en el examen. Te brindo mi mejor esfuerzo este día y dejo en tus manos el resultado".

Tienes inteligencia, voluntad, conciencia: todos los elementos para triunfar. Si no logras tus anhelos es porque no pagaste el precio.

~·~

¡Actúa! ¡Deja de suspirar y de hacerte el mártir! ¡Si no triunfas, es porque no quieres! No inventes excusas. Sal al campo de batalla. Hazte oír, hazte valer.

~·~

Si no crees en ti, nadie lo hará; si no levantas la mano por temor a la crítica, podrías morirte y nadie te echaría de menos.

~·~

¡Lucha! ¡Incluso un poeta luchador es mejor que un poeta aislado! El hombre que se dice intelectual y se retira permanentemente, en realidad es un perezoso.

~·~

Los mediocres ven al triunfador y lo minimizan, pero no se dan cuenta de que el triunfador ha dado la vida por sus anhelos.

~·~

Los seres ordinarios tienen pereza de pagar el precio. Quieren llegar a la cima sin prepararse ni moverse.

~·~

Las ideas te hacen libre o esclavo. De ideas positivas te sostienes para salir del fango, como si fueran ramas de un árbol que se inclinan hacia ti.

La medicina para superar tropiezos es esforzarse, cambiar de actitud, lograr una nueva mentalidad y un incremento en tu autoestima.

~·~

A una persona abatida

El árbol podrido en que te refugiabas fue tragado por el pantano; caíste al fango y has permanecido en él. Sacúdete el lodo, ten el coraje, la fuerza y la fe para mover tus alas anquilosadas hasta que logres elevar el vuelo rumbo al bosque fértil que te está esperando.

No importa lo que se haya vivido, no importan los errores que se hayan cometido, no importan las oportunidades que se hayan dejado pasar, no importa la edad; siempre estamos a tiempo para decir "basta", para oír el llamado que tenemos de buscar la perfección, para sacudirnos el cieno y volar muy alto y muy lejos del pantano.

4
Ley de causalidad

Todo acto conlleva su recompensa o castigo. Cuanto hagamos quedará grabado en nuestro proceso vital y, tarde o temprano, se nos revertirá en bien o mal. La casualidad no existe; todo es causal.

de "Volar sobre el pantano"

ACCIÓN Y REACCIÓN

En la vida, como en la física, a toda acción corresponde una reacción igual y en sentido contrario.

de "Juventud en éxtasis"

~·~

El refrán asegura: "La gente habla de la feria como le va en ella", mas nadie reconoce que, en realidad, "cada uno encuentra en la feria lo que fue a buscar a ella".

de "Volar sobre el pantano"

~·~

El infortunio es, casi siempre, provocado por nuestros actos, pero suele convertirse en un curso de superación. Nos guste o no, somos mejores individuos después de haber sufrido.

de "La última oportunidad!"

~·~

Nuestras obras, buenas o malas, siempre llevan implícita una consecuencia. A veces la recibimos de inmediato, otras, muchos años después.

de "Un grito desesperado"

~·~

La vida siempre te devuelve lo que tú le das. El que es bueno siembra el bien y le va bien.

de "Un grito desesperado"

~·~

¿Ves al injusto en la cima y al justo en el valle? Despreocúpate. Las aguas tarde o temprano toman su nivel y cada persona termina estando donde debe de estar.

de "Volar sobre el pantano"

Esconderse detrás de un grupo, una máscara, o un anónimo, indica que la persona no quiere sufrir las consecuencias de lo que hace, pero las consecuencias no se pueden evitar, aunque se esconda en el fin del mundo.

de "Volar sobre el pantano"

~·~

Denunciar a un transgresor para que pague su condena en términos de estricta justicia es correcto, pero no debemos ir más lejos porque el hecho se revertirá en nuestra contra.

de "Volar sobre el pantano"

~·~

Un infractor, aunque no lo castiguen, está condenado en el momento de cometer su ilícito. Acción y reacción son engranajes del mismo mecanismo. A cada acto cometido le corresponde una respuesta de la vida.

de "Volar sobre el pantano"

~·~

De cualquier forma, nuestras obras serán premiadas o castigadas, pero sufrir los efectos de las causas no nos exime del amor de Dios. Él nos ama por su Gracia; no por nuestro currículum.

de "Un grito desesperado"

~·~

Algunos efectos no alcanzan a ocurrir en esta vida. Sin embargo, la cadena no se interrumpe con la muerte física. Continúa y cada uno termina en el lugar que por derecho le corresponde.

de "Volar sobre el pantano"

SUPERACIÓN

ADVERTENCIAS
Citas tomadas de "Volar sobre el pantano"

Nada ocurre de repente. Un hecho lleva a otro, cada vez más lamentable. Siempre tenemos advertencias graduales hasta que llegamos al umbral de dolor.

~·~

Hay quienes hacen caso omiso a las advertencias leves y requieren hallarse ante grandes desdichas para detenerse a pensar en lo que están haciendo mal.

~·~

Todos tenemos diferente umbral de dolor. Algunas personas sólo necesitan un pequeño estímulo para reflexionar y cambiar.

~·~

Quien pierde a su familia, se divorcia, va a la cárcel o se queda solo y sin afectos, no puede decir "de pronto me ocurrió esto". No fue "de pronto". Tuvo muchas advertencias que no quiso oír.

LAS CUATRO CAUSAS DE TODO MAL
Texto tomado de "Volar sobre el pantano"

El mal se siembra con:
1. **Evasión** (pereza, vicios, irresponsabilidad).
2. **Engaño** (mentiras, robos, difamaciones, adulterios).
3. **Exasperación** (prepotencia, ira, violencia).
4. **Egolatría** (vanidad, soberbia, arrogancia) .

Son cuatro "Es", fáciles de recordar. Focos rojos, actitudes a evitar. Quien incurre en ellas sufre consecuencias graves.

5
Ley de la buena suerte

La buena suerte es el resultado de prepararse continua-
mente y de estar, al mismo tiempo, en la búsqueda incesante de oportunidades.

de "Volar sobre el pantano"

EL BINOMIO DE LA SUERTE
Citas tomadas de "Volar sobre el pantano"

Para subir el rascacielos del éxito se requieren dos elementos básicos: preparación y sentido de urgencia.

~·~

Las oportunidades no llegan a tocarle la puerta a nadie, hay que salir a buscarlas.

~·~

Piensa en una persona que haya llegado alto; seguramente ha perdido poco tiempo en distracciones, se ha esmerado por prepararse y ha sido un cazador incesante de oportunidades.

~·~

Organízate. No actúes como muñeco de cuerda. La buena puntería de tu sentido de urgencia es básica para lograr los resultados deseados.

~·~

No gastes energía en asuntos vanos. Pon en orden tus prioridades. Hay personas que pasan horas moviéndose, pero nada de lo que hacen es verdaderamente valioso.

~·~

Lo que más tensión te produce es saber que has estado aplazando tus proyectos importantes por ocuparte de asuntos triviales.

~·~

Quien pierde el tiempo en tareas sin importancia acaba exhausto y sólo alcanza pequeños e insignificantes logros. Quien, por el contrario, se concentra en los asuntos trascendentes, tal vez trabaja igual, pero alcanza estrellas.

No importa qué tan ocupado estás, sino cuánto, de lo que realmente importa, estás haciendo.

HOMBRE DE VALOR REAL
Texto tomado de "Volar sobre el pantano"

Hoy se necesitan personas con los tres elementos del valor humano:

- **conocimientos**
- **acción**
- **bondad**

conocimientos+acción (sin bondad)=Vilezas de líderes malvados.
conocimientos+bondad (sin acciones)=Ilusiones de sabios frustrados.
bondad+acciones (sin conocimientos)=Torpezas de ingenuos bienintencionados.

CONOCIMIENTOS+ACCIÓN+BONDAD=HOMBRE DE VALOR REAL

PARÁBOLA DEL RASCACIELOS
Texto tomado de "Volar sobre el pantano"

La vida puede compararse con un enorme rascacielos al que debemos subir. Los seres humanos iniciamos en uno u otro piso nuestro ascenso, según el nivel en el que nacemos, pero aun los privilegiados se hallan en estratos bajos pues el rascacielos es altísimo.

En cada piso hay dos zonas perfectamente diferenciadas: la estancia de distracciones, repleta de amigos, camas, televisores, fiestas y juegos; y un amplio salón lleno de talleres y mesas de estudio. Ante ambos se encuentra el túnel de los elevadores. Cuando se abre la puerta de uno, muchas personas suelen saltar y correr hacia ella. Rápidamente se hace una fila. El operador formula entonces una pregunta a la persona que llegó primero. Si no sabe la respuesta correcta se le descarta y se hace la pregunta a la siguiente persona. Así se continúa hasta hallar a la que tiene los conocimientos requeridos; a ésta se le transporta a un piso superior. Algunos, decepcionados, regresan a la estancia de distracciones, otros se quedan en el túnel para volver a intentarlo.

Hay quienes se la pasan caminando, buscando que los elevadores se abran, pero sin trabajar ni estudiar, de modo que jamás suben porque no adquieren los conocimientos exigidos. Otros, por el contrario, laboran en los talleres y están tan entretenidos que no se ponen de pie cuando el elevador se abre. Éstos, aunque tienen los conocimientos, son demasiado timoratos para ser elegidos.

La persona que logra subir, se encuentra con que la estancia de distracciones del nuevo piso es más atractiva aún que en los inferiores. De la misma forma los talleres y mesas de estudio muestran mayor dificultad; por eso, cuanto más alto es el piso, hay menos candidatos para subir cada vez que se abre un elevador.

Algunos, frustrados, amagan al elevadorista y suben los pisos a la fuerza. Es una pena. Al llegar arriba son arrojados por la ventana.

Los que se quedan abajo, a veces difaman y se burlan de los que suben diciendo que tienen buena suerte.

Si "suerte" significa poseer los conocimientos necesarios y, al mismo tiempo, tener la agilidad para ponerse frente a la puerta que se abre, efectivamente, los grandes hombres han tenido buena suerte.

6
Ley de la juventud constructiva

La juventud es la época de construir cimientos, de invertir un tiempo y un esfuerzo que no darán frutos de inmediato, pero tal inversión es necesaria para poder construir, sobre esos cimientos, una torre monumental.

de "Juventud en éxtasis 2"

SIEMBRA PARA COSECHAR

La juventud es época de disfrutar intensamente mientras se siembra, no es época de cosechar.

de "La fuerza de Sheccid"

~·~

Las semillas sembradas en la juventud germinarán invariablemente en la madurez. Si fueron limpias y buenas, de ellas nacerán árboles bellos y frondosos.

de "Juventud en éxtasis 2"

~·~

La juventud es el momento de adquirir conocimientos, valores, fuerza de carácter, salud, bases económicas. Adquirir y llenarse, para después, tener algo que dar.

de "La fuerza de Sheccid"

ANTIVALORES EN LA JUVENTUD

Es fácil perder el rumbo en la vida si desde la juventud no se ha defini-do un código de valores y unas metas vitales claras.

de "La fuerza de Sheccid"

~·~

El adolescente es como un náufrago con sed. Pornografía, drogas, alcohol, rebeldía y desmanes son agua de mar. Quienes la beben no mitigan su sed. Mueren con mayor rapidez.

de "La fuerza de Sheccid"

~·~

Los jóvenes se encuentran inmersos en una guerra, sin armas para defenderse. Les hemos proporcionado información, pero no formación; les hemos dado la vida pero no les hemos enseñado a vivirla; conocen técnicas pero no ética.

de "Juventud en éxtasis 2"

~·~

Hay jóvenes que viven livianamente, sin cuestionar nada. Eluden responsabilidades y problemas. Para ellos, todo es motivo de juegos obscenos y burlas ofensivas. Son jóvenes sin metas ni valores.

de "Un grito desesperado"

~·~

Muchos jóvenes tienen una idea equivocada de lo que es crecer. Piensan que para ser mayores deben tener relaciones sexuales, tomar alcohol, parrandear y fumar. El error los conduce a la frustración.

de "La fuerza de Sheccid"

~·~

Hay chicas adolescentes que hacen esfuerzos por fumar. Cruzan la pierna y levantan el cigarrillo entre dos dedos exhibiendo una falsa sensualidad. Creen, erróneamente, que escupiendo humo y oliendo a cenicero lucirán más provocativas y maduras.

de "La fuerza de Sheccid"

~·~

Miles de muchachos de carácter débil y precarios principios echan a perder su vida sembrando el mal en su juventud.

de "La fuerza de Sheccid"

CRECE PARA MERECER EL AMOR ANHELADO

El joven que suspira por una pareja, debe adquirir, cultura, profesión, dinero, independencia, personalidad e inteligencia; en resumen, capacidad para servir como apoyo y complemento a su futura pareja.

de "La fuerza de Sheccid"

Muchos jóvenes suspiran por alguien muy especial y nunca trabajan para obtener algo que ofrecerle.

de "La fuerza de Sheccid"

~·~

Por más enamorado o deprimido que te sientas, nunca dejes de luchar por ti mismo.

de "La fuerza de Sheccid"

~·~

Joven: halla sentido a tu vida. Encuentra la misión que se te ha encomendado y lucha por ella sin preocuparte más. Tu pareja llegará sola, cuando menos la esperes. Ten confianza en esto y, mientras tanto, haz algo por ti.

de "Juventud en éxtasis"

LEYES DE RELACIONES HUMANAS

Contracorriente
Peleas inminentes
Independencia formativa
Reciprocidad
Perdón

7

Ley de la contracorriente

El triunfador nunca es sumiso, pero avanza pacíficamente a contracorriente, defendiendo su código de ética, luchando por sus anhelos e ignorando las burlas de los mediocres.

de "Volar sobre el pantano"

VALORES DE RETO Y DE ORGULLO
Citas tomadas de "La Fuerza de Sheccid"

Una persona íntegra tiene "valores de reto y de orgullo": Al proponerse no volver a caer, adquiere valores de reto. Al lograr no caer de nuevo, obtiene valores de orgullo.

~·~

Los valores de reto presentan dos obstáculos: amigos corruptos y viejos hábitos. Al vencerlos, el valor de reto se transforma en valor de orgullo y pasa a formar parte de la dignidad.

AGRESORES EN EL CAMINO
Citas tomadas de "Volar sobre el pantano"

El joven emprendedor comete dos pecados: descubrir nuevos procedimientos y ser joven. Los dinosaurios anquilosados lo condenarán y tratarán de destruirlo.

~·~

Para lograr algo que valga la pena, es necesario cruzar por un pasillo de burlas y difamaciones.

~·~

No es posible desligar el triunfo de los ataques. Vienen en el mismo paquete. El triunfo verdadero es producto de mucho trabajo y de oídos sordos a la crítica malsana.

~·~

Los envidiosos molestan, ridiculizan y parecen destacar, pero su amargura tarde o temprano los hace caer. Nadie triunfa siguiendo el juego a los mediocres.

De todo funcionario se habla mal, de todo artista se murmuran historias falsas, de todo gran hombre se dice que ha tenido buena suerte. El ganador se acostumbra a las agresiones, pero nunca abandona sus anhelos.

~·~

Quien se enoja y arremete contra los calumniadores, se echa la soga al cuello. Todos dirán: "creíamos que era una difamación; pero, si le dolió tanto, era verdad".

~·~

Miles de personas que perseguían el sueño de una carrera artística se desmoronaron ante la primera calumnia; millones de triunfadores en potencia, desertaron cuando se enfrentaron a críticos injustos.

~·~

Si te igualas a los sapos, dejarás de ocuparte en tu crecimiento y acabarás saltando con ellos en el lodo.

~·~

Persigue tus anhelos. Escucha las críticas pero no dejes que te lastimen. Jamás se ha erigido una estatua a un crítico. Las estatuas, la trascendencia real, pertenecen únicamente a los criticados.

ATRÉVETE A SER TÚ MISMO
Citas tomadas de "Volar sobre el pantano"

Nadie que viva sujeto a grilletes de pensamiento podrá ser feliz. Desprenderse de los mitos que nos hacen manipulables es el primer paso hacia la libertad interna.

Nunca te amará nadie si no eres capaz de correr el riesgo de que algunos te aborrezcan.

~·~

No quieras convertirte en el protector de la humanidad. Tienes derecho a no cargar las culpas de otros.

~·~

Quien no siga el juego a los mediocres, tal vez se quede con uno o dos amigos, pero su espíritu surcará cielos muy altos.

8

Ley de las peleas inminentes

Lo lógico entre los seres humanos es que discutan de vez en cuando. La fraternidad y paz permanentes son una utopía. En la sociedad debe haber reglas para pelear.

de "La última oportunidad"

FRATERNIDAD UTÓPICA

Citas tomadas de "La última oportunidad"

Una vida de armonía permanente no es natural. Las relaciones perfectas, sin controversias ni disputas, sólo existen en los cuentos de hadas.

~·~

Todo grupo humano debe saber que jamás estará exento de problemas y deberá establecer ciertas normas para cuando surjan los desacuerdos.

SÉ DÓCIL

No permitas que un insulto penetre en tu corazón. Sólo tú tienes la llave para abrirlo.

de "La última oportunidad"

~·~

El veneno no mata si no te lo tomas.

de "Volar sobre el pantano"

~·~

El que gana una pelea es el que se niega a pelear.

de "La última oportunidad"

~·~

Evita gritar. Sé presto para escuchar y tardo para la ira. Una respuesta suave calma el furor y detiene peleas a tiempo.

de "Un grito desesperado" (parafraseado de Santiago 1,19 y proverbios 15,1)

~·~

El arma más poderosa para combatir la mortífera bomba atómica es la paz.

de "La última oportunidad"

Todos los seres humanos poseemos un arsenal de alto calibre que por ningún motivo debemos usar contra nuestros seres queridos.

de "La última oportunidad"

~·~

Las actitudes extremas como golpear, insultar, romper cosas, maldecir, injuriar a los familiares, dar portazos, arrojar objetos, son veneno que daña las relaciones.

de "La última oportunidad"

~·~

Si la persona pierde el control, deberá alejarse, pero nunca realizar escenas que la hagan poco confiable para siempre.

de "La última oportunidad"

~·~

A una persona enfadada que elige aislarse temporalmente, debe dejársele sola. Profanar su intimidad para seguir discutiendo puede tener resultados desastrosos.

de "Un grito desesperado"

~·~

No hay nada más desgastante que vivir envuelto en riñas. Quita fuerza, distrae, estanca. Los hombres buenos rechazan pleitos y venganzas.

de "Volar sobre el pantano"

DEFIENDE LO INVALUABLE

En toda relación humana que se pretenda duradera, hay algo intocable que no debe entrar a la mesa de discusión: el cariño.

de "La última oportunidad"

Una pareja en conflicto podrá negociar cualquier cosa, pero siempre protegiendo, bajo una campana de acero blindado, el concepto de su lealtad.

de "La última oportunidad"

~·~

Comentarios como "si no cambias me largo" o "te advierto que si no accedes nos divorciaremos" o "lo que dijiste acaba de matar mi amor por ti", ocasionan que una discusión baladí se torne peligrosamente terminal.

de "La última oportunidad"

~·~

Hay dos palabras que deben estar prohibidas en las discusiones: "siempre" y "nunca". Cuando se usan se miente y la difamación abre la puerta a la ira. Es mentira que uno de los dos "nunca" o "siempre" haga algo.

de "Un grito desesperado"

PELEEN A SOLAS
Citas tomadas de "La última oportunidad"

Un problema entre dos personas debe arreglarse a puerta cerrada. Queda prohibido hacer partícipes a otros o discutir en presencia de otros.

~·~

Dos contendientes "solos", están en posibilidad de hablar claro, sincerarse, verse a la cara y pedir perdón.

~·~

Dos adversarios que se saben observados, tratan de mantener cierta imagen y bloquean la humildad indispensable para llegar a un acuerdo.

Cuando hay testigos de la riña, el ego crece y se vuelve prioritario demostrar ante los espectadores quién es más fuerte y dominante.

~·~

Los familiares que se entrometen en los problemas de otros, agravan los problemas.

DISCUTAN UN TÓPICO A LA VEZ
Citas tomadas de "La última oportunidad"

Cuando no se sabe discutir es muy común reclamar un tema "A" y terminar disputando uno "Z". Las peleas sanas se centran en un sólo tópico.

~·~

En las riñas sin solución, los dos contendientes se recuerdan mutuamente sus múltiples errores. Revivir problemas pasados es como meter el dedo en heridas viejas, infectándolas.

~·~

Si algo no es lo suficientemente grave como para discutirse de inmediato, deberá tolerarse para siempre... Está prohibido quedarse con cuentas pendientes.

COMPRENDE A LOS DEMÁS
Citas tomadas de "La última oportunidad"

Todas las personas tienen puntos de vista y razones válidas para hacer lo que hacen. No debes enfadarte si piensan diferente a ti.

No existe otra manera de hacer las paces más que ésta: ponernos en los zapatos del enemigo, comprender sus razones, ver con sus ojos, sentir con su corazón.

~.~

La mejor estrategia para que un familiar cambie, se basa en la premisa de que, aunque no cambie, lo seguiremos amando.

9
Ley de la independencia formativa

La persona independiente se hace responsable, de sus actos y palabras. El líder familiar educa a sus seres queridos para que se vuelvan independientes.

de "Volar sobre el pantano"

HAZLOS INDEPENDIENTES

Educar es enseñar a otro a evaluar sus alternativas y a tomar decisiones, con la consigna de responsabilizarse de todas las consecuencias.

de "Volar sobre el pantano"

~·~

Ejemplo

En una ocasión, a la edad de quince años, tuve una experiencia que me ha sido más útil que muchos años de estudio. Mi padre me llevó de vacaciones a una playa situada a varios cientos de kilómetros de distancia, pero antes de salir estableció reglas singulares: primera, iríamos y volveríamos de "aventón", sin gastar un sólo centavo; segunda, yo sería el guía y, tercera, frente a toda la gente él se fingiría mudo. Algunas veces, estando solos, me hacía preguntas para obligarme a pensar en cómo salir de los problemas en los que nos metíamos. Me dejaba tomar decisiones y equivocarme. Tuve que conseguir alimentos y transporte gratuito; después de una semana de aventuras volvimos a casa. Me sentí tan fuerte y seguro, que mi vida no volvió a ser igual después.

de "Un grito desesperado"

AUTONOMÍA

La autonomía es el contrapeso que equilibra la balanza de la disciplina y proporciona paz entre las personas.

de "Un grito desesperado"

~·~

Autonomía significa libertad de pensamiento y conducta dentro de los límites de las demás reglas.

de "Un grito desesperado"

En todo grupo equilibrado los miembros gozan de absoluta libertad para ser ellos mismos, definen sus metas y declaran abiertamente sus gustos sin temer el rechazo de los demás.

de "Un grito desesperado"

~·~

Debemos prohibirnos intentar cambiar los anhelos y deseos de otros sólo para obligarlos a proceder según nuestro criterio.

de "Un grito desesperado"

INDEPENDENCIA FORMATIVA EN LOS HIJOS

Tus hijos no son tú, su vida no es la tuya; ellos son almas independientes que tienen su propio proceso de crecimiento. Precisan superar retos y sufrir dolores aunque tú no quieras.

de "Volar sobre el pantano"

~·~

Debemos ser fuertes para ayudar a los hijos a caminar solos. Olvidemos que no deseamos verlos sufrir y dejemos que aprendan a controlar su propia vida.

de "La fuerza de Sheccid"

~·~

Que en sus familias no falte la autonomía y por la mente de sus hijos no cruzará jamás el pensamiento de huir de casa, ya que en ella se sentirán libres, amados y aceptados con todo lo originales que se les antoje ser.

de "Un grito desesperado"

Qué hacer cuando un niño se cae
y se hiere levemente, por ejemplo, con una piedra

El niño está llorando. Revise el golpe. No le dé importancia, y con entusiasmo, explíquele lo que pasó, como si fuese una gran oportunidad para enseñarle algo nuevo. Condúzcalo en cámara lenta, repitiendo la escena del accidente: "Venías corriendo, no te diste cuenta del bordo y caíste de frente sobre el filo de esta piedra". Interese al niño en la explicación para que olvide gradualmente su llanto. Haga que la parte de su cuerpo herida vuelva a tocar ligeramente la roca sobre la que se hirió hasta que comprenda la mecánica de la arista incrustándose en su piel. A los pequeños les fascina aprender. Este sencillo acto enseñará al niño a responsabilizarse de sus pasos y a no dejarse abatir por las caídas.

de *"Un grito desesperado"*

DÉJALOS SUFRIR

Citas y textos tomados de "Volar sobre el pantano"

El consentidor es noble, pero tiene corta visión. Se empeña en sobreproteger a sus seres queridos impidiéndoles crecer. El amor obsesivo del consentidor es el primer enemigo del progreso.

~·~

Debemos permitir que la ley de causa y efecto se cumpla libremente en los demás: no nos interpongamos en el proceso de aprendizaje de otros; dejémoslos sufrir las consecuencias de sus propios actos.

~·~

Testimonio de un alcohólico rehabilitado
Cuando estaba sobrio, todos me demostraban su cariño, pero cesaron de consentirme y de tenerme lástima. Mi esposa me decía que me amaba, pero que si hacía algo indebido, yo pagaría el error. Dejó

de enfadarse cuando llegaba ebrio, me recibía tranquila; si me ponía necio, se iba con los niños; afirmaba que sólo estaba protegiendo su salud mental y que todo volvería a la normalidad cuando yo buscara ayuda; dejo de cuidar mis documentos y de justificarse ante los demás; comenzó a vender paquetes con almuerzos preparados en las escuelas para tener dinero y permitió que yo cayera en la ruina económica. Cuando me arrestaban, nadie corría a la delegación a pagar mis multas; si me encerraban, amanecía en la cárcel; si chocaba con el coche, yo solo me enfrentaba a la policía; si vomitaba o me ensuciaba, yo mismo me limpiaba; si me quedaba tirado en el patio, nadie iba a rescatarme. Sólo así pude entender que necesitaba cambiar.

10
Ley de la reciprocidad

Si yo pienso que una persona es torpe, esa persona lo percibe y piensa lo mismo de mí; si honestamente creo que alguien es extraordinario, ese alguien llega a pensar que yo también lo soy. Quienes conviven terminan pareciéndose.

de "La fuerza de Sheccid"

RECIPROCIDAD Y PARECIDO

Piensa bien de una persona, admira sus cualidades, aprende a quererla y verás cómo esa persona también terminará queriéndote.

de "La última oportunidad"

~·~

Cuento

Un muchacho que vivía junto al mar era amigo de las gaviotas. Todas las mañanas jugaba con ellas. Llegaban por centenares, lo rodeaban, se posaban en sus hombros y brazos. Alguien le pidió que atrapara una. Ese día las gaviotas no se le acercaron. Detectaron el gesto, la actitud amenazadora, la mirada, el tono de voz.

de "La fuerza de Sheccid"

~·~

Todos los miembros de grupos de convivencia cercana tienden a sentir lo mismo entre sí y a parecerse.

de "La última oportunidad"

~·~

Tanto los perdedores como los ganadores se asocian.

de "Volar sobre el pantano"

IMITACIÓN DEL MÁS FUERTE
Citas tomadas de "La última oportunidad"

En el proceso de adaptación de las personas, el que tiene el carácter y estilo más definido comienza a marcar el patrón que copian los demás.

En los núcleos sociales existe una guerra tácita de personalidades. Los que se mantienen firmes en sus principios y valores terminan influyendo en los demás.

~·~

La persona deshonesta se va allegando poco a poco de amigos con los que puede compartir sus artimañas. La persona ética se rodea de amigos con los que puede compartir sus ideales.

~·~

Vivimos con personas que nos imitan y a quienes nosotros imitamos. Si tus empleados son desordenados, tú eres el desordenado mayor; si tus amigos son burlones, vete al espejo; si tu familia no tiene normas bien definidas, revisa las tuyas...

~·~

Detrás de un grupo exitoso siempre se halla un triunfador a quien todos imitan.

GUERRA DE PERSONALIDADES
Citas tomadas de "La última oportunidad"

Alguien tiene una experiencia positiva. Llega a su casa, donde hay apatía. Entonces comienza la guerra de personalidades. Con el tiempo, los familiares son influidos positivamente por la persona o ésta vuelve a ser apática.

~·~

En la guerra de personalidades, si no hay adaptación de alguna de las partes, habrá separación.

Quienes viven en compañía de personas mordaces se la pasan quejándose y cuestionando cómo cambiar a esos individuos; no se dan cuenta que son ellos quienes les están agriando el carácter.

~·~

Adquiere valores, sueña en grande y convive con los hombres grandes. Ellos siempre te nutrirán con ideas poderosas.

~·~

Testimonio
Cuando yo tenía 30 años le comenté a un compañero de trabajo de mi mismo rango que algún día sería presidente de la empresa y él se burló abiertamente de mí. Después le pedí una cita al presidente corporativo para pedirle un consejo, pues algún día yo ocuparía su puesto. Se asombró mucho, pero no se rió; me tomó en cuenta, me tomó en serio. Los grandes hombres saben que sí se puede triunfar, porque ellos lo han logrado. Si les compartes tus anhelos, no se burlarán de ti.

11

Ley del perdón

Perdonar es un acto liberador, exclusivo de los seres espiritualmente superiores. Se logra sólo después de enfrentar el dolor, valorar el costo y regalar cuanto perdimos.

de "La última oportunidad"

IRA, RENCOR O PERDÓN
Citas tomadas de "Juventud en éxtasis 2"

La ira es un fuego que quema repentinamente como reflejo sano de todo ser humano que ha sido afectado por otro.

~·~

Es normal enfadarse con los demás, con uno mismo y hasta con Dios; sin embargo, el fuego de la ira debe consumirse hasta las cenizas del perdón.

~·~

Si la ira no culmina en perdón, desemboca en rencor. El rencor es la ira crónica. Las personas llenas de rencor llegan a calumniar, a golpear e incluso a asesinar.

~·~

El perdón verdadero son las cenizas de la ira extinta.

~·~

Se ha perdonado cuando ya no se sienten deseos de venganza, cuando se recuerda el ayer con nostalgia pero sin tratar de encontrar culpables.

~·~

El perdón es la aceptación pacífica de los hechos, la conciencia de que todo lo ocurrido nos ha dado mayor madurez, la renovación del amor propio y del amor a Dios.

Al perdonar, se es capaz de bendecir al agresor, brindarle ayuda desinteresada y desearle sinceramente lo mejor.

TERAPIA LIBERADORA
Citas tomadas de "La última oportunidad"

La mejor manera de extraer de nuestra alma el veneno que nos inyectan otras personas es perdonando.

~·~

El mejor mecanismo de defensa para los agravios recibidos es perdonar.

~·~

Perdonar es abrir la puerta que nos sacará del recinto de la amargura.

~·~

Quien perdona no le hace ningún favor a su agresor, se lo hace a sí mismo.

~·~

Anécdota

Un exitoso judío, que había estado en un campo de concentración nazi, se enteró de que su más querido compañero de aquellos tristes días se hallaba enfermo y solo. Lo buscó y lo halló en la miseria.

—¿Ya perdonaste a los nazis? —le preguntó.

—No, —contestó el moribundo con vehemencia—, de ninguna forma. Todavía los odio con toda el alma.

—Entonces, te tengo una mala noticia: ellos todavía te tienen prisionero.

PROCESO DEL PERDÓN
Texto tomado de "La última oportunidad"

Para perdonar se requiere:

1. **Enfrentar abiertamente el dolor.** Reconocer con humildad que estamos heridos, pues alguien nos afectó injustamente y ese daño nos causa enorme sufrimiento.

2. **Evaluar el costo de aquello que perdimos.** Hacer un recuento real y reconocer el valor de cuanto nos quitaron.

3. **Regalar lo que perdimos.** Volvernos mentalmente amigos del agresor, tratar de comprender sus razones y decirle con nuestro pensamiento: "Lo que me quitaste, te lo regalo; no lo mereces, pero te lo doy; es tuyo, no me debes nada". Esto nos conduce al verdadero perdón, es el último dígito de la combinación, sin él no hay nada; con él, todo.

UN REGALO
Citas tomadas de "La última oportunidad"

El amor real no es un premio. El amor es un regalo. Perdonar es un acto de amor, por lo tanto, el perdón es, también, un obsequio.

~·~

Resulta imposible perdonar al ofensor después de hacerle pagar su error. Se perdona antes de cobrarle o no hay perdón.

~·~

A un hombre que cumplió su condena, después de diez años en la cárcel, nadie puede decirle: "Estás perdonado", simplemente porque aquel hombre ya pagó su deuda.

Perdonar es declararle "NO" a la venganza, "NO" a cobrarse por propia mano, "NO" a ser verdugo del que ha fallado.

PERDONANDO LA INFIDELIDAD DE UN ESPOSO
Texto tomado de "La última oportunidad"

Mi primera reacción fue odiarte, vengarme, buscar la forma de hacerte sentir lo mismo, porque tu traición era injusta. Yo siempre te he sido fiel, me entregué a ti sin condiciones, te di mis mejores años, tú lo sabes. Cuando me conociste era esbelta y bonita, ahora mi cuerpo se ha deformado, lo acepto, pero fue por darte un hijo, por hacer el intento de tener otros y porque, desde que nos casamos, ni un solo día he descuidado tu casa.

Tal vez ya no te guste como antes, aunque tú también has cambiado. Cuando te conocí no tenías el vientre que ahora tienes ni te quejabas de la espalda al levantarte. Los problemas nos han hecho distintos a los dos, pero no creí que nos separarían. Siempre pensé que eran nuestro vínculo secreto.

Cuando me di cuenta de tu engaño me sentí terriblemente sola. No sé si me entiendas. Mis emociones se mezclan y contradicen. Quiero que volvamos a formar una familia... y al mismo tiempo deseo no volver a verte jamás.

Con frecuencia me he levantado en la noche llorando, pues perdonar implica enfrentarse al dolor, valorar su costo y regalarlo. En este caso, ¡qué difícil me resulta dar esos pasos! Tú me dices que te has arrepentido y que las cosas van a cambiar. Yo te digo que las heridas que me hiciste sangran y seguirán sangrando por mucho tiempo; te digo que sigo teniendo deseos de vengarme, pero también afirmo que soy una mujer buena que no está dispuesta a seguir envenenada por el rencor y sobre todo... Sobre todo te digo que aún te amo... No puedo racionalizar diciendo que no me afecta lo que has hecho... Tu hermetismo, tus gritos, tus rabietas, tu infidelidad, ¡claro que me afectan! ¡Por supuesto que me hacen daño! Me lastiman... pues en verdad te amo. Y, esta vez, amarte me duele mucho. Sólo de pensar en el enorme amor que siento por ti, lloro; no puedo detener estas lágrimas... ¿Sabes por qué? Porque no te lo mereces, porque tu ofensa me cuesta una parte del alma... Pero escúchame bien: voy a completar el proceso. Esta parte te la regalo a ti. Te perdono.

Como todo regalo, mi perdón no tiene condiciones. Si tú aún me amas, seguiremos adelante, sin volver la vista atrás, olvidando los errores. Más que nunca soy tuya y tú más que nunca formas parte de mí...

LEYES DE PAREJA

Compañero complementario
Convivencia entre sexos opuestos
Sexo fuerte
Familia política
Prioridad conyugal

12
Ley del compañero complementario

Una buena pareja la forman dos personas distintas y complementarias, pero con la misma esencia de valores. Sus principios fortalecen la vida de ambas y su diferencia la enriquecen.

de "Juventud en éxtasis "

COMPLEMENTARSE ES SER DISTINTOS

Citas tomadas de "Juventud en éxtasis"

Cuando uno, en la pareja, es dependiente del otro, se crea una relación asfixiante y pueril, similar a la que tiene un niño con sus padres.

~·~

Cada individuo, en la pareja, debe tener metas personales, actividades creativas y realización independiente.

~·~

Dos personas con caracteres iguales chocarán a cada paso; en cambio, si son opuestos, se complementarán y enriquecerán.

~·~

Si tu temperamento es tímido, te conviene un compañero extrovertido; el derrochador debe hallar contrapeso en el ahorrativo; el competitivo en el cooperativo; el reservado en el comunicativo.

COMPLEMENTARSE ES COMUNICARSE BIEN

Citas tomadas de "Juventud en éxtasis"

La comunicación profunda permite a los miembros de la pareja no volver a sentir soledad, les crea un universo exclusivo y les hace pensar y hablar bien del otro, cuando están lejos.

~·~

Cuando hay comunicación real, exteriorizamos con la persona amada nuestras dudas, temores, sueños, alegrías y errores, dejándole al descubierto el lado oculto —y desconocido por otros—, de nuestro ser.

La intimidad emocional es confianza absoluta, apoyo, alianza. Con ella, se interpreta el lenguaje corporal y se detecta el verdadero estado de ánimo del compañero.

~·~

La "verdad" es el común denominador entre dos personas con intimidad emocional.

COMPLEMENTARSE ES TENER ANHELOS SIMILARES
Citas tomadas de "Juventud en éxtasis"

Cuanto más se parezcan las familias de origen, más compatibles son los hábitos de la nueva pareja.

~·~

Si dos personas provienen de ambientes socioeconómicos similares, se ponen de acuerdo más fácilmente en los aspectos importantes: organización familiar, sexo, religión, vivienda, número de hijos, educación, alimentación, deportes y tiempo libre.

~·~

Los matrimonios más felices y duraderos son los que comparten el mismo credo religioso y conllevan un desarrollo espiritual similar.

~·~

En la pareja afín, ambos coinciden en sus ritmos de trabajo, tiempos de estudio y labores creativas, se superan en armonía, crecen y se ayudan.

Una pareja que se complementa, tiene caracteres opuestos, hábitos de vida parecidos y objetivos de realización individuales.

VOLUNTAD PARA COMPLEMENTARSE
Citas tomadas de "Juventud en éxtasis 2"

El verdadero amor es producto de la voluntad y no del romanticismo.

~·~

El verdadero amor no es ciego; la idealización sí lo es.

~·~

Antes de formalizar un compromiso debo preguntarme:

¿He puesto toda mi voluntad en la relación?
¿Renuncio conscientemente a mi pasado?
¿Comprendo que nada volverá a ser como antes?
¿Decido que todo lo mío será de mi compañero?
¿Quiero compartir mi vida, tiempo, dinero y bienes?
¿He decidido amar a mi pareja con todos sus defectos?
¿Acepto sacrificios, amor incondicional y entrega sin reservas?

~·~

Quien ha tratado con respeto al amor, logrando relaciones constructivas y nobles, tiene más elementos para elegir mejor a su pareja.

PAREJA

13
Ley de convivencia entre sexos opuestos

Los hombres son más fríos; las mujeres más emotivas. Ambos sexos deben buscar un punto medio. El hombre comprende mejor a la mujer cuando se sensibiliza y la mujer entiende mejor al hombre cuando racionaliza.

de "Volar sobre el pantano"

MUJER ALTIVA

Poner a un esposo inconsciente en el filo de la navaja, para hacerlo reflexionar y valorar a su mujer, es una idea inteligente; pero seguir con el juego destructivo sin detenerse a tiempo es una estrategia que se volverá contra la mujer.

de "La última oportunidad"

~·~

Cuando un hombre se equivoca, puede levantarse y volver a luchar si su esposa lo apoya, pero permanecerá en el suelo si su esposa lo denigra.

de "Un grito desesperado"

~·~

La mujer altiva y autoritaria es peor que una serpiente en el hogar. La compañera inteligente siempre gana las batallas con sus mejores armas: el amor, la seducción y las caricias.

de "Un grito desesperado"

HOMBRE MACHISTA
Citas tomadas de "La última oportunidad"

En la sociedad latinoamericana es raro que un matrimonio fracase sin que antes la mujer haya hecho todo por salvarlo. Los hombres, inmersos en su trabajo, con en un estilo autoritario y malhumorado, suelen ser los causantes de la avalancha de infelicidad familiar.

~·~

Los hombres no son dueños de las mujeres. El acta de matrimonio no es una factura y nadie tiene el derecho de tratar a su cónyuge con ínfulas de propietario.

El sujeto machista trata a su esposa como una alumna neófita, sin entender que ella se casó *no* para ser instruida por un profesor pedante, sino para ser socia, compañera y complemento de un hombre verdadero.

MUJER REALIZADA
Todas las citas de "La última oportunidad"

Las personas deben superarse no sólo por su bien, sino por el bien de su matrimonio.

~·~

La realización individual es indispensable para que exista convergencia en la pareja.

~·~

Una de las principales causas de rupturas conyugales es la realización dispar. Uno sigue creciendo y otro se estanca, hasta que dejan de tener ideales comunes.

~·~

La mujer casada puede lograr mayor plenitud si tiene una actitud positiva y emprendedora. Sentirse agobiada es sinónimo de inutilidad. Ser inútil no es hacer pocas cosas, sino hacer muchas con apatía y desgano.

CABEZA DEL HOGAR
Citas tomadas de "La última oportunidad"

El hogar debe ser una sociedad armónica de cooperación mutua, pues cada miembro tiene su propia misión. Familiarmente, nadie es jefe de nadie; pero, administrativamente, quien tiene mayores responsabilidades, tiene mayor autoridad.

Si el hombre, *administrativamente*, es un irresponsable, la mujer tendrá más autoridad que él; pero si él realiza con valor y entrega su papel, la mujer está obligada a darle su lugar de líder.

~·~

Mujer: no origines la lucha por el poder. Apoya a tu esposo. No des órdenes contradictorias a los hijos. Empieza por aceptar el Orden Natural.

~·~

Mujer: si tienes un esposo responsable, no eres la autoridad máxima de la casa, pero sí la base sobre la cual se fijan los lienzos para que tus seres queridos puedan pintar obras maestras.

14
Ley del sexo fuerte

La mujer constituye las raíces de la sociedad. Es la energía que mantiene en pie al hogar; la savia que nutre cada una de las ramas del árbol familiar. Si renuncia a su misión, tarde o temprano el roble se seca y se viene abajo.

de "La última oportunidad"

FORTALEZA DE LA MUJER

Los hombres no están capacitados para sentir como las mujeres; no poseen la fortaleza física ni mental que ellas tienen.

de "Juventud en éxtasis"

~·~

La mujer es el sexo fuerte. Sólo un ente superior puede realizar la tarea máxima del ser humano: dar a luz, criar y educar a un niño.

de "Juventud en éxtasis"

~·~

El hombre puede hacer muchas cosas, participar en política, trabajar, emprender negocios, pero siempre y cuando, en lo más hondo de su ser, sepa que una mujer lo está esperando en casa.

de "La última oportunidad"

~·~

Una mujer inteligente sabe que puede desempeñar cualquier trabajo, igual o incluso mejor que los varones, pero nunca olvida sus prioridades.

de "La última oportunidad"

~·~

La naturaleza de la mujer es poderosa; es el factor de cambio positivo, la reserva de amor y la fuente motriz. Si la mujer se derrumba, se acaba la moral, la paz, los valores.

de "La última oportunidad"

~·~

Dios toma de la mano a las mujeres que se dan a respetar, sin abandonar su misión; que se valoran a sí mismas, pero perdonan; que se saben poderosas, pero, con todo y eso, se mantienen fieles a sus ideales.

de "La última oportunidad"

Mujer: no te degrades en el libertinaje sexual. Tu naturaleza te hace diferente al hombre; tienes una tarea superior, no de líder guerrero, sino de amor.

de "La última oportunidad"

~·~

Si las mujeres salen a las calles huyendo del hogar, las familias mermarán y una comunidad sin unión familiar es un caldo de cultivo para las peores deformidades sociales.

de "La última oportunidad"

HERENCIA DE UNA MADRE

Una madre representa los cimientos de la dignidad del hombre. El amor materno es el punto de partida incuestionable para la edificación de la autoestima.

de "La fuerza de Sheccid"

~·~

Un niño siente que vale en correspondencia exacta con lo que su madre le demuestra que vale para ella, desde que está en su vientre.

de "La fuerza de Sheccid"

~·~

La herencia del padre hacia sus hijos suele ser primordialmente material; la de la madre, ideológica y espiritual. Los hijos podrán perder la herencia paterna pero conservarán la materna y la transmitirán a las siguientes generaciones.

de "La última oportunidad"

~·~

El reto de la mujer implica crear nuevos seres humanos. Al educar a un hijo se forma a un hombre, pero al educar a una hija se forma una familia.

de "La última oportunidad"

MADRES SOLTERAS

Citas tomadas de "Juventud en éxtasis 2"

Las madres solteras con frecuencia multiplican su fuerza de carácter: se vuelven más maduras, inteligentes, perseverantes y adaptables; aprenden a valorar la vida, a defender las cosas importantes y adquieren una mayor capacidad para amar.

~·~

Ser madre soltera significa salvar la vida a un bebé y hacerse responsable de él, a pesar del enorme sacrificio personal que este acto conlleva.

~·~

La madre soltera pone en alto el valor de la mujer. Debe ser felicitada por su valentía y su hijo sentirse infinitamente agradecido porque ella prefirió darle todo en vez de abortarlo o abandonarlo.

~·~

A veces, los hombres actúan como insensatos. Muchas mujeres que abortan tienen decenas de pretendientes, mientras las mujeres verdaderamente valiosas están solas.

15
Ley de la familia política

Las relaciones conyugales nunca serán del todo felices si uno de los miembros de la pareja agravia o menosprecia a los familiares de otro.

de "La última oportunidad"

AMA A TU NUEVA FAMILIA

La familia política no es tu enemiga. Forma parte importante de tu pareja. Si amas a tu cónyuge, deberás aceptar y amar a su familia.

de "La última oportunidad"

~·~

Para merecer el amor de tu esposa deberás bajar la cabeza, guardar tu orgullo y lograr congraciarte con sus padres.

de "La última oportunidad"

~·~

Los casados amarán y respetarán a sus respectivas familias políticas, pero trazarán una línea para no permitir que se entrometan en su vida conyugal.

de "Juventud en éxtasis"

EL PAPEL DE LA FAMILIA POLÍTICA

Los familiares políticos deben ayudar, amar, comprender. Nunca sermonear, celar, estorbar.

de "Juventud en éxtasis"

~·~

Los suegros precisan entender que, si aman a su hijo, deben hacerse a un lado y dejarle vivir su propia vida, aunque sufra.

de "La última oportunidad"

~·~

Cuando se vive en la misma casa que los suegros, o cuando éstos gustan de husmear en la intimidad de los nuevos esposos, sobrevienen graves problemas maritales.

de "Juventud en éxtasis"

Los tres principales factores que causan la desintegración conyugal son:

- alcoholismo
- infidelidad
- intromisión agresiva de familiares políticos

de "La última oportunidad"

CORTA TU CORDÓN UMBILICAL

Citas tomadas de "Juventud en éxtasis"

Los recién casados deben cortarse el cordón umbilical de un tajo y hacer un esfuerzo por darle preferencia a su matrimonio. Cada uno hablará con sus padres para poner límites claros.

~·~

Si no existieran los familiares y la pareja estuviera absolutamente sola, ambos perdonarían sus errores con mucha más facilidad al no tener que justificarse ante nadie.

~·~

Si eres casado, sigue amando a tus padres y hermanos, porque esto es signo de entereza, pero también declara firmemente tu independencia ante ellos.

~·~

Emprendan solos esa aventura extraordinaria que se llama matrimonio.

16
Ley de la prioridad conyugal

La base de la sociedad no es la familia sino la pareja. El matrimonio es el fundamento de la humanidad. Si los cónyuges siguen divorciándose, las familias seguirán desintegrándose y la sociedad corrompiéndose.

de "La última oportunidad"

EL MATRIMONIO ES PRIMERO QUE LOS HIJOS

Aunque parezca contradictorio, los padres que navegan con el estandarte de "nuestros hijos son lo único y lo primero" están destinados a llevar a su familia al naufragio.

de "Un grito desesperado"

~·~

Descuidar a la pareja por atender a los niños es un veneno lento, pero eficaz, que terminará por intoxicar a los miembros de ese hogar.

de "Un grito desesperado"

~·~

La unión conyugal es la mejor educación. Los niños que la viven no tuercen su camino, se hacen juiciosos y sensibles, convirtiéndose a su vez en fuentes de amor y, más temprano que tarde, fundan, con alegría, su propia familia.

de "Un grito desesperado"

~·~

Mujer: Te uniste a tu esposo para compartir la vida con él. Te casaste antes de tener hijos y cuando tus hijos se vayan seguirás casada. Organiza tus prioridades.

de "Un grito desesperado"

~·~

Si los padres están unidos, resulta mucho más fácil ayudar a un niño. ¿Quieres darle a tu hijo el mejor regalo? ¡Ama a tu cónyuge!

de "La última oportunidad"

~·~

Cuando sientas deseos de solucionar los problemas de tu hijo piensa primero en resolver los de tu matrimonio.

de "La última oportunidad"

LEYES DE PADRES E HIJOS

Herencia
Legado sexual a los hijos
Paternidad ejemplar
Lealtad filial
Transparencia familiar
Célula social

17
Ley de la herencia

Los descendientes o continuadores de generación heredan los principales rasgos que caracterizaron a sus maes-
tros, padres o guías.

de "Un grito desesperado"

IMPORTANCIA DE LOS RASGOS HEREDITARIOS

Los rasgos hereditarios son difíciles de modificar, pues se alojan en el subconsciente.

de "Un grito desesperado"

~·~

De cada diez hijos de familias anómalas sólamente uno consigue deshacerse de su herencia negativa y escalar la cima del éxito.

de "Un grito desesperado"

~·~

Los hijos observan todo y lo registran calladamente.

de "Un grito desesperado"

~·~

Sobre los hombros de los padres descansa la gravísima responsabilidad de ser observados diariamente por sus hijos, esos seres receptivos, ávidos de aprender.

de "Un grito desesperado"

~·~

Hay niños que detestan a un tío a quien ni siquiera conocen. Aprendieron a odiarlo por las actitudes de sus padres.

de "La fuerza de Sheccid"

~·~

Los hijos aprenden a llorar y a reír por aquello que sus padres lloran o ríen. Heredan la forma de ver la vida y los motivos para sentirse felices o desdichados.

de "La fuerza de Sheccid"

Quien presenció malos tratos en su infancia, invariablemente hereda-rá la disposición de maltratar o de dejarse maltratar.

de "La fuerza de Sheccid"

~·~

Cuando el padre no es consciente de los rasgos hereditarios, comete muchos errores con sus hijos. Tarde o temprano, éstos se revierten como una avalancha que nunca sabe cómo ni cuándo se originó.

de "Un grito desesperado"

~·~

En la familia nacen las expectativas del individuo, su moral, su forma de sentir, su personalidad...

de "Un grito desesperado"

LOS SIETE RASGOS HEREDITARIOS
Citas tomadas de "La fuerza de Sheccid"

1. **CREENCIAS.** Ideas y definiciones que marcan un estilo de vida.
2. **DISPOSICIONES.** Tendencia a reaccionar de determinado modo ante determinadas situaciones.
3. **HÁBITOS.** Modos de comportamiento aprendidos, fijos y difíciles de cambiar.
4. **GUSTOS.** Preferencias estéticas, artísticas o sensoriales.
5. **VALORES.** Cualidades que se consideran fundamentales; princi-pios que rigen la vida.
6. **AUTOESTIMA.** Aprecio por sí mismo que vigoriza o inhibe la per-sonalidad del individuo.
7. **SENTIMIENTOS.** Afectos hacia personas o cosas, motivos para la alegría o la tristeza.

VEINTIÚN CONCEPTOS HEREDITARIOS

1. Religión
2. Hábitos de estudio
3. Hábitos de trabajo
4. Hábitos alimenticios
5. Diversiones
6. Deportes
7. Horarios
8. Adicciones
9. Gusto por determinado tipo de música, perfume, arte...
10. Gusto por determinados estereotipos físicos
11. Puntualidad
12. Honradez
13. Veracidad
14. Perseverancia
15. Autoconfianza
16. Dignidad
17. Roles del hombre y la mujer
18. Rechazo o atracción por determinado tipo de personas (por su raza, religión, nivel social, edad...)
19. Actitud ante la fortuna y la tragedia
20. Trato cortés o descortés
21. Dinero

EL PRIVILEGIO DE HEREDAR
Citas tomadas de "Juventud en éxtasis 2"

Cuando la pareja tiene hijos, funde totalmente sus capitales afectivos en uno solo y se da la oportunidad de compartir ese capital común con otros seres vivos.

~·~

Hoy, es difícil educar a un hijo, pero enfrentar ese reto ennoblece, engrandece y ofrece a la pareja la oportunidad de trascender.

~·~

La mejor y más bella forma de trascender es darle a un hijo valores, principios, hábitos, metas y conceptos propios, en un hogar estable, de amor conyugal responsable.

18
Ley del legado sexual a los hijos

El modo en que un hijo vive el amor y el sexo determina gran parte del éxito o del fracaso de sus padres.

de "La fuerza de Sheccid"

MODELO CONYUGAL

Con cada disgusto de los padres se siembra, en lo más hondo del ser infantil, la semilla de la inseguridad.

de "Un grito desesperado"

~·~

Si un niño observa discusiones o rompimientos maritales, crece con la idea de que casarse sería un grave error; más tarde, menosprecia las relaciones íntimas y satisface su necesidad de amor con aventuras superficiales.

de "Juventud en éxtasis "

~·~

Cuando alguien en su niñez ve un buen modelo de amor conyugal, adquiere una gran confianza en la unión de la pareja y aprende a valorar el sexo como un acto trascendente.

de "Juventud en éxtasis"

~·~

Muchos padres no se dan cuenta de la enorme necesidad de amor que tienen sus hijos adolescentes.

de "Juventud en éxtasis"

~·~

Testimonio de un joven liberal

Es posible que los pocos consejos de mamá me hayan orillado, sin querer, aún más a la sexualidad. Ella siempre me dijo, desde mi infancia, que debía madurar, dejar de ser niño y comportarme como un hombre. Crecer se convirtió en una de mis principales metas. De alguna forma detestaba ser un insignificante adolescente. En la sociedad el concepto de "adulto" está estrechamente relacionado con el sexo. Todas las personas mayores se acuestan con sus parejas. La principal sensación que recuerdo de mi primera relación sexual fue la de que al fin era un hombre. Muchos padres no se dan cuenta de la forma en que perjudican a sus hijos con la urgencia de verlos crecer rápidamente. Hay etapas muy hermosas que los jóvenes dejan atrás sin haberlas disfrutado con plenitud por culpa de sus padres.

de "Juventud en éxtasis"

CARTA DE UN ADOLESCENTE
A SU POSIBLE FUTURO HIJO
Texto tomado de "La Fuerza de Sheccid"

Mis padres han hablado conmigo sobre la sexualidad. Me conmoví tanto, que he pensado por primera vez en la extraordinaria misión de ser padre.

Hijo:

Pienso en ti, muchos años antes de que nazcas.

Cuando seas pequeño quizá me hagas preguntas que yo, y nadie más, tendré que responderte. Seguramente algún día te cuestiones de dónde has venido en realidad. Antes de contestar te sentaré en mis rodillas y te haré una pregunta: "¿Sabes qué es el amor?"

Será interesante conocer lo que piensa mi propio hijo acerca del amor, porque creo que la forma en que un hijo vive el amor, determina el éxito o fracaso de sus padres.

"¿Has pensado por qué soy tu papá y no cualquier otro señor? Pues porque a ti y a mí nos une el amor; un lazo que nos hace necesitarnos mutuamente para poder vivir, correr a abrazarnos después de un día de trabajo, preocuparnos el uno por el otro cuando estamos lejos, un lazo invaluable, ¿comprendes? A ti no te trajo una cigüeña ni naciste de ningún otro cuento absurdo. Naciste del amor. Del amor que nos une a tu madre y a mí, algo similar a lo que existe entre nosotros. Ella y yo nos casamos; un día unimos nuestros cuerpos y tú naciste de esa amorosa unión física. Naciste de ella y de mí, cada uno aportó algo de sí, para que tú pudieras existir".

Será fundamental hablarte del sexo para que desde pequeño aprendas a respetarlo, a valorarlo como el clímax del amor del que tú mismo procedes y rechaces a todos aquellos que lo ensucian y envilecen. Será hermoso compartir contigo la verdad, las experiencias que me han ido formando. Sé que no será sencillo, pero pondré todo mi entendimiento en conseguirlo, en parte por ti, y en parte por agradecer a Dios los abuelos que tendrás y que, de alguna forma, me heredaron las ideas que, a la vez, trataré de heredarte.

Con amor, muchos años antes de conocerte.

Tu papá

19
Ley de la
paternidad ejemplar

El gran reto de la paternidad no estriba en cómo tratar
mejor a los hijos, sino en cómo darles el mejor ejemplo.

de "Un grito desesperado"

EJEMPLO QUE DEJA HUELLA

Citas tomadas de "Un grito desesperado"

Si queremos ser de utilidad para el mundo y para las personas que amamos, debemos comenzar por superarnos con constancia, en forma individual.

~·~

Los hijos observan mucho más de lo que escuchan. Las palabras les entran por un oído y les salen por el otro, pero cuanto les llega por los ojos va directamente a su corazón.

~·~

Un padre cabal vive dando ejemplo recto y no exige resultados inmediatos. Con su ejemplo obtendrá lo que desea, pero a largo plazo.

~·~

Los hijos, en el plano consciente, se prometen no cometer los mismos errores de sus padres; pero, en el plano subconsciente, no pueden evitar llevar consigo la grabación de los ejemplos recibidos que conformarán su temperamento.

~·~

Una persona observadora seguramente se habrá sorprendido a sí misma diciendo o haciendo cosas que sus padres decían o hacían y habrá confrontado, más de una vez, su voluntad de no querer hacer algo con el impulso de hacerlo.

~·~

Los hijos cargarán en el subconsciente, durante muchos años, los patrones de conducta que observaron en sus padres.

20
Ley de la lealtad filial

Un buen hijo no es agresivo con sus padres; los comprende y los ama, no por sus cualidades, sino por un sentido de lealtad y pertenencia.

de "Juventud en éxtasis"

SENTIDO DE LEALTAD Y PERTENENCIA

Aunque existan personas más inteligentes, hermosas, ricas o maduras, debo amar a mis padres, no por sus cualidades, sino porque son míos. Hay parte de mí en ellos y hay parte de ellos en mí.

de "Juventud en éxtasis"

~·~

Los torpes se vuelven contra lo suyo, sin saber que la mina de diamantes con la que tanto sueñan se encuentra en su propia casa.

de "Juventud en éxtasis"

~·~

Muchos jóvenes quisieran tener padres y hermanos. Otros los tienen y no los aprecian. Una familia es lo más valioso que se puede poseer.

de "Un grito desesperado"

~·~

La felicidad únicamente se da al luchar por la familia, el trabajo y el país que tenemos, no porque sean los mejores sino porque nos pertenecen y porque, a la vez, formamos parte de ellos.

de "Juventud en éxtasis"

~·~

Comentario de un joven injusto

Mi madre no era perfecta: cambió a un esposo inteligente y noble por otro bruto y agresivo, a mi hermana y a mí nos quitó un buen padre para darnos un pésimo padrastro. Tenía muchos defectos, cometió mil errores, yo lo supe desde muy chico. Pero era mi madre. ¡Me pertenecía! ¡Y yo de alguna forma le pertenecía a ella! ¡Cuántas veces la juzgué con crueldad! ¡Cuántas veces deseé haber sido engendrado en el vientre de otra mujer! ¡Qué injusto fui!

de "Juventud en éxtasis"

NO CONDENES A TUS PADRES

Algún día, hijo, sabrás que tu padre no era perfecto, pero, sobre todo, ojalá te des cuenta de que, pese a todos sus errores, te amaba más que a su propia vida.

de "La última oportunidad"

~·~

Quien juzga a sus padres no tiene la menor idea de lo que fue para ellos haber crecido donde crecieron, haber vivido sus carencias, frustraciones y tristezas.

de "La fuerza de Sheccid"

~·~

Si tus padres se equivocan, perdónalos porque son humanos, ámalos porque ellos te aman más que a nadie en el mundo y respétalos porque son la guía que Dios te ha regalado.

de "Un grito desesperado"

~·~

Tus padres pagarán sus errores; la vida no perdona los yerros de nadie, mas evita convertirte en su verdugo, puesto que tú, como hijo, también pagarás, y muy caro, las injusticias que cometas con ellos.

de "Un grito desesperado"

~·~

Comentario de un padre común

Yo tengo dos hijos y vivo por ellos. Todo lo que hago, de una u otra forma, busca su bienestar. ¡Qué injusto y triste sería que dentro de poco decidan ignorarme, sólo porque a su juicio no he sido el padre ideal! Y lo peor es que seguramente será verdad; no lo habré sido, pero Dios sabe cuánto he luchado por serlo.

de "Un grito desesperado"

HABLA CON TUS PADRES

Dices que tus padres no saben escucharte, pero ¿por qué han de hacerlo si tú tampoco los escuchas?

de "Un grito desesperado"

~·~

Escuchar a los padres significa interesarte en sus sentimientos, preguntarles sobre sus problemas, darles una opinión sincera, adentrarte en sus vidas con el interés y agrado de alguien que los ama de verdad.

de "Un grito desesperado"

~·~

Aprende a acercarte a tus padres, hazlos partícipes de tu vida, cuéntales tus inquietudes y enséñales a escucharte.

de "Un grito desesperado"

~·~

Expulsa el rencor acumulado hacia tus padres porque es al espíritu como el veneno al cuerpo.

de "Un grito desesperado"

~·~

Habla con tus papás. Es necesario que enfrentes el dolor del lavado de tu alma; llora y luego échate en sus brazos y bésalos con todo el amor de tu ser.

de "Un grito desesperado"

~·~

Si al abrirle el corazón a tus padres los notas torpes para corresponderte, considera que ellos también tienen infinidad de emociones calladas impidiéndoles comentarte con soltura sus sentimientos.

de "Un grito desesperado"

Tus padres te han visto nacer y crecer. Te conocen mejor de lo que crees. Son capaces de ver en ti debilidades y fuerzas que aún ignoras. Confía en ellos.

de "Un grito desesperado"

~·~

Un hijo desleal, se cree incomprendido por sus padres, no quiere perdonarlos, se aleja de ellos, les habla poco, se vuelve ingrato, los critica, no les agradece nada; busca amigos también incomprendidos para sentirse apoyado; piensa en darles una lección y con ello se hace vulnerable a fracasar en la escuela, adquirir vicios, participar en delincuencia, irse de casa o tener relaciones sexuales prematuras. Así, daña su capacidad de amar y se convierte, sin darse cuenta, en una persona incapaz de construir relaciones afectivas de calidad.

de "Un grito desesperado"

21

Ley de transparencia familiar

En gran medida somos transparentes para nuestra familia. Padres, hijos y hermanos adivinan intenciones y sentimientos mutuos. Se requiere ser muy egoísta para ne-
garse apoyo en el hogar.

de "Un grito desesperado"

SOMOS UN EQUIPO

Una familia lo es, en la medida en que sus miembros puedan permanecer juntos, apoyarse y darse amor en las buenas y en las malas.

de "Volar sobre el pantano"

~·~

Los niños deben opinar y enterarse de los conflictos de los adultos. Cuando se le ofrece a un niño participación verbal en los problemas, se le brinda seguridad, autoestima y sentido de pertenencia.

de conferencias, C.C.S.

~·~

Cuando no se le ofrece a un niño participación verbal en los problemas, participa de cualquier manera de forma incidental; esto lo desconcierta, le da inseguridad y sensación de rechazo.

de conferencias, C.C.S.

~·~

Entre familiares directos no se puede fingir: la sangre se habla sin palabras y siempre con la verdad, lo quieras o no.

de "Un grito desesperado"

~·~

En la familia no debe haber secretos ni estrategias unilaterales, no se trata de una guerra de manipulaciones sino de un encuentro de amor en el Amor.

de "Un grito desesperado"

CEGUERA POR RUTINA
Citas tomadas de "La última oportunidad"

Conducimos el automóvil de la vida a toda velocidad, sin percatarnos que lo más importante no es la carretera ni el velocímetro, sino esas personas que hemos olvidado y que llevamos viajando en el asiento de atrás.

~·~

La rutina es nuestro enemigo más terrible. El trabajo, los proyectos, las exigencias, el dinero, nos hacen olvidar lo que tiene más valor: nuestra familia.

~·~

Lloramos de alegría cuando nos casamos y cuando vemos nacer a nuestros hijos. Lloramos de tristeza cuando los perdemos, pero mientras están con nosotros, evitamos darles nuestro tiempo, convivir y disfrutarlos en cada etapa.

TIEMPO FAMILIAR

Con frecuencia se ve a mujeres histéricas, encerradas en su casa con hijos histéricos. Son mejores diez minutos de verdadera convivencia que cuatro horas de anarquía.

de "La última oportunidad"

~·~

Nuestro tiempo es el mayor tesoro con que contamos, no debemos escatimarlo cuando se trate de brindárselo a nuestra familia.

de "Un grito desesperado"

~·~

Siendo su familia la prioridad principal del hombre bueno, se detiene diariamente en su carrera y dedica tiempo de calidad a sus hijos y cónyuge.

de "Un grito desesperado"

22

Ley de la célula social

El trigo limpio y bueno, que da de comer al mundo, se cultiva en los hogares. Por desgracia, las hierbas venenosas que aniquilan y degradan a la sociedad, también provienen de las familias.

de "Un grito desesperado"

FRUTOS Y SEMILLAS

El único lugar digno para el crecimiento de los niños es una familia afectuosa. El anhelo más grande del ser humano es un hogar feliz.

de "Juventud en éxtasis 2"

~·~

Una familia con maltrato, frialdad o vicios, inhibe la potencialidad de sus miembros. Lo más amargo que puede suceder a un ser humano es vivir en un hogar desordenado.

de "Juventud en éxtasis 2"

~·~

Si la familia se corrompe, la sociedad, el país, el mundo entero se corrompe.

de "Un grito desesperado"

~·~

La delincuencia, la drogadicción, la prostitución; la maldad en sí que ensombrecen a la humanidad, es el fruto de las semillas sembradas en los hogares con problemas.

de "Un grito desesperado"

~·~

Los gobernantes hacen el ridículo tratando de acabar con el mal; el origen de una sociedad corrupta son las familias corruptas. La procedencia de un hombre malo es una mala familia. No hay más.

de "Un grito desesperado"

~·~

Todos los "muchachos problema" albergan en su mente resentimientos familiares.

de "Un grito desesperado"

Los jóvenes rebeldes eligen —no siempre de modo consciente—, el mal camino para dar una lección a sus padres o hermanos, haciéndolos sentir culpables de su fracaso.

de "Un grito desesperado"

~·~

El primer paso para regenerar a los delincuentes es lograr que perdonen a algún familiar con el que convivieron en su niñez.

de "Un grito desesperado"

~·~

Los adultos suelen lavarse las manos argumentando que tal o cual hijo es la oveja negra de la casa o que las malas amistades lo han echado a perder, pero son evasivas ingenuas. Ni existe la oveja negra, ni los amigos son la causa directa de los males. Todo proviene del seno familiar.

de "Un grito desesperado"

~·~

El que no lucha por su familia es alguien que, no importa porqué otra cosa luche, no merece tener el lugar que Dios le ha dado en esta tierra.

de "Un grito desesperado"

MONSTRUOS Y MASCOTAS

Mascotas familiares que se convierten en monstruos:
Maltrato verbal y físico
Desafio a la autoridad
Vicios
Promiscuidad sexual, incesto
Envidias, rencores y amenazas entre hermanos
Ausencia de padre o madre
Corrupción, deshonestidad de los padres

Monstruos sociales provenientes de mascotas familiares:

Secuestradores
Ladrones de niños
Guerrilleros
Narcotraficantes
Drogadictos, alcohólicos
Estafadores
Psicópatas
Asaltantes
Violadores
Traficantes de armas
Creadores de pornografía y prostibulos
Degenerados sexuales
Funcionarios corruptos

LEYES DE ESPÍRITU Y MENTE

Doble moral
Carácter forjado
Soledad edificante
Dolor vivificante
Dios creador
Fe en Dios

23

Ley de la doble moral

Las personas que aparentan nobleza, pero en el fondo, son desleales, empobrecen a la sociedad, desacreditan a las instituciones y corrompen su propia integridad.

de "La fuerza de Sheccid"

QUÉ ES LA DOBLE MORAL

Citas tomadas de "La fuerza de Sheccid"

Cada ser humano es vulnerable sólo a algunas faltas. La doble moral es alardear de aquellos aspectos que hacemos bien, pero callar, e incluso justificar, los errores en que incurrimos.

~·~

Suele ocurrir, por ejemplo, que quien sermonee sobre fidelidad conyugal, sea un bebedor; que quien moralice sobre los perjuicios del licor, sea infiel; que una modelo sexualmente liviana enseñe sobre dietética; que un benefactor social, maltrate a sus hijos. Esa es la doble moral.

~·~

Los males que aquejan a individuos, familias y naciones tienen un solo origen: La doble moral.

CORRUPCIÓN

La doble moral corrompe. Temas como la inflación, los aranceles y la democracia son, a veces, demagogia inútil que nos distrae del verdadero fondo de los problemas: La corrupción.

de "La fuerza de Sheccid"

~·~

La persona corrupta tiene dos desgracias: Nadie cree en ella y ella no cree en nadie.

de conferencias C.C.S.

~·~

Todo puede perdonársele a un líder, excepto que diga mentiras, excepto que practique una doble moral.

de conferencias C.C.S.

En una época en la que, por regla general, las personas no podemos confiar en nadie, te reto a que en ti y en mí sí se pueda confiar.

de conferencias C.C.S.

~·~

La corrupción tiene una gama muy amplia: Narcotraficantes y funcionarios implicados; gobernantes que se enriquecen sangrando al pueblo; proselitistas políticos con la vista puesta sólo en el poder; empresarios que evaden impuestos, hacen negocios sucios o explotan a sus trabajadores; empleados que roban o no producen; estudiantes que compran calificaciones; esposos infieles; hijos desleales.

de "La fuerza de Sheccid"

~·~

Todo es reemplazable, menos la integridad. Ya no existen personas celosas de los principios éticos y en la actualidad ésa es la cualidad más valiosa.

de "La fuerza de Sheccid"

FILOSOFÍA DE CORRUPCIÓN HEREDADA

Texto tomado de "La fuerza de Sheccid"

Hay refranes y citas que se enseñan de generación en generación:

- **"Transa y avanza"** (progresa siendo deshonesto).
- **"Al que parte y reparte le toca la mejor parte"** (cuando te toque el turno de distribuir, aprovéchate y despoja a los demás).
- **"Tonto es el que presta un libro y más tonto el que lo regresa"** (no confíes en nadie, pero si alguien confía en ti, ¡fastídialo!)
- **"Ladrón que roba a ladrón tiene cien años de perdón"** (sólo piensa que al que le robaste es ladrón y tu acción se disculpa).
- **"El fin justifica los medios"** (puedes matar, robar o traficar droga si distribuyes las ganancias entre tus pobres familiares).

- **"Éste es el año de Hidalgo, cobarde es el que no se lleve algo"** (si tenemos la oportunidad de robar, aprovechémosla).

RELIGIOSIDAD CONTAMINADA

Texto tomado de "La fuerza de Sheccid"

Un dirigente religioso hindú, confesó que tenía en su casa una habitación privada donde hacía cuanto le venía en gana; ahí comía carne, bebía licor, veía pornografía, pero al salir practicaba sus tradiciones ortodoxas y era, a la vista de todos, mesurado y recto.

Muchos individuos nefastos tienen, como el hindú del cuarto secreto, una religión pública, hacen oraciones y rezos frente a los demás, asisten a sus ceremonias religiosas ostentando devoción, se golpean el pecho, cargan consigo sus textos venerables y no pierden oportunidad para asegurarle a otros que se irán al infierno, pero en realidad son comediantes, payasos, exhibicionistas que no viven una fe intrínseca y mucho menos una verdadera relación personal con Dios; nunca oran en privado. Son legalistas superficiales, cascarones huecos.

RESTITUYE EL DAÑO

Citas tomadas de "Volar sobre el pantano"

Una de las reglas para curarse de la doble moral es restaurar el dolor causado. Si robaste algo, devuélvelo; si provocaste una pena, pide perdón; revisa tu pasado y restituye los daños. Sólo así podrás hacer "borrón y cuenta nueva" en tu vida.

~·~

Todo se sabe tarde o temprano. Jamás hagas algo de lo que puedas avergonzarte.

24
Ley del carácter forjado

Todos estamos llamados a forjar nuestro carácter a través del conocimiento y la experiencia. Quien deja de aprender deja de madurar y quien deja de madurar envejece.

de "Juventud en éxtasis"

FORJA INTELECTUAL

Sólo una mínima parte de lo que se enseña en las aulas es aplicable a la vida. Lo que vale de la escuela es aprender a convivir, a solucionar problemas, a usar el potencial de estudio y trabajo.

de "Un grito desesperado"

~·~

Lo que importa de un diploma académico es el porcentaje que se respalda honestamente con la capacidad mental adquirida.

de "Juventud en éxtasis 2"

~·~

El valor de una profesión no es el título, sino la madurez, la velocidad mental, los hábitos de lectura, la disciplina y el buen juicio que se obtienen con ella.

de "Juventud en éxtasis 2"

~·~

Indudablemente, quienes estudian bien una carrera profesional, cualquiera que ésta sea, maduran más y logran un mayor criterio que quienes deciden no estudiar.

de "Juventud en éxtasis 2"

~·~

La persona sin educación que colecciona credenciales, es como el coleccionista de pinturas que no aprecia el arte. Presume vanamente.

de "Un grito desesperado"

MADUREZ DE CARÁCTER

Quien supone haber nacido sólo para ser feliz es el más propenso a desmanes sexuales, comilonas, avaricia, juergas y vicios. Nuestra misión no es sólo alcanzar la felicidad sino madurar y, en la madurez, hallar la felicidad verdadera.

de "Juventud en éxtasis 2"

~·~

La madurez se logra mediante la responsabilidad de nuestras decisiones y asumiendo decisiones responsables.

de "Juventud en éxtasis 2"

~·~

Merece la pena lograr un mayor autodominio, pues esto fragua el temperamento y ayuda a triunfar en los demás aspectos de la vida.

de "Juventud en éxtasis 2"

~·~

Cuanto más inmaduro y débil de carácter es un hombre, más mujeriego y promiscuo suele ser; cuanto más sólido es su carácter y más dominio de sí posee, suele ser más confiable, fiel y honesto afectivamente.

de "Juventud en éxtasis 2"

~·~

Lo que en verdad somos, no tiene que ver con lo material, sino con la pureza de nuestro corazón, la grandeza de nuestras ideas y el equilibrio de nuestro ser.

de "Volar sobre el pantano"

LA MADUREZ MEJORA LAS RELACIONES AFECTIVAS

Citas tomadas de "Juventud en éxtasis2"

Sólo siendo maduro intelectualmente es posible aceptar la individualidad e independencia del compañero, evitar los celos, el egoísmo, la posesión.

~·~

En la medida en que una persona se ame a sí misma, podrá amar a su pareja. La autoaceptación es un concepto que se da en la mente.

~·~

Sólo con el juicio sereno y claro se es capaz de perdonar, ceder, dar otra oportunidad, aceptar los errores y estar dispuesto a permitir imperfecciones.

~·~

En el cerebro adulto nace el sentido de compañerismo y fidelidad. La moral verdadera no es producto de prejuicios sino de razonamiento inteligente.

25
Ley de la soledad edificante

Las personas inteligentes buscan estar solas de vez en cuando. En la soledad edificante viven momentos de profunda introspección: definen sus metas, precisan su razón de existir, reconocen su necesidad de servir, amar y trascender.

de "Juventud en éxtasis 2"

SOLEDAD ANALITICA

Citas tomadas de "Un grito desesperado"

Buena parte de la mediocridad se debe al temor a estar solo. Aprende a encontrarte contigo mismo para disfrutar de tu propia compañía; sólo así asimilarás la sabiduría que te llevará a la cima.

~·~

Debes entablar largas pláticas contigo mismo; orar, meditar, relajarte, ser introspectivo. Sólo cuando dilucides a tu manera las teorías de otros las convertirás en tu verdad.

~·~

La filosofia del éxito es como un perfume que no puede olerse hasta que no lo combinas con tu propia esencia.

SOLEDAD CREATIVA

La soledad introspectiva forja el carácter, torna a la persona más profunda y sensata, además de permitirle alcanzar grandes metas creativas.

de "Juventud en éxtasis 2"

~·~

Las personas creativas, cultas y sensibles al arte, alcanzan con mayor facilidad la superación de la mente y del espíritu.

de conferencias C.C.S.

~·~

La soledad creativa de nuestros familiares es algo que debe respetarse pacientemente y con agrado, porque forma parte de su proceso de superación.

de "Un grito desesperado"

SOLEDAD ESPIRITUAL

En la soledad edificante la persona se percata de un vacío interior y se introduce en las profundidades de su ser en busca de la paz que tanto anhela. Así encuentra a Dios.

de "Juventud en éxtasis 2"

~·~

El encuentro espiritual en la soledad introspectiva puede ser tan demoledor que obligue a la persona a entregarse a otra forma de ser y de pensar.

de "Juventud en éxtasis 2"

~·~

Dios puede restaurar los mapas psicológicos más dañados. Cuando Él interviene en la espera edificante, la persona recupera su riqueza interior y el cofre íntimo se llena de valores, principios, conceptos positivos y fuerza espiritual.

de "Juventud en éxtasis 2"

SOLEDAD MOTIVADORA

La "musa motivadora" y los "anhelos de grandeza", descubiertos en la soledad afectiva, empujan al joven a estudiar, a hacer deporte y a superarse, con la fe de que algún día estará a la altura de vivir sus sueños.

de "La fuerza de Sheccid"

CARTA DE UN JOVEN A SU MUSA MOTIVADORA

Texto tomado de "La fuerza de Sheccid"
Versos finales de Santa Teresa de Ávila

Sheccid:

En esta soledad he comprendido que formas parte de mí. Sé que tal vez nunca estarás tangiblemente a mi lado, pero también sé que nunca te irás. Eres el aire, el cielo, el agua, eres la sed de cariño que el Creador sembró en mi corazón. Eres la definición del amor, aunque jamás haya podido definirse ni pueda hacerse nunca: definir es limitar y el amor no tiene límites.

La fuerza motivadora de tu esencia me ha transformado en una persona distinta.

Cuando vea una golondrina, cobijándose de la lluvia entre el ramal de la bugambilia, te veré a ti. Cuando presencie una puesta de sol te recordaré... Cuando mire las gotas de rocío deslizándose en mi ventana te estaré mirando a ti.

No podrás irte nunca. No te dejaré. Eres mi novia eternamente. Todo lo que brote de mi pluma habrá tenido tu origen.

Y daré gracias a Dios.
Porque después de todo he comprendido
que no se goza bien de lo gozado
sino después de haberlo padecido.
Porque después de todo he comprobado
que lo que tiene el árbol de florido
vive de lo que tiene sepultado.

26
Ley del dolor vivificante

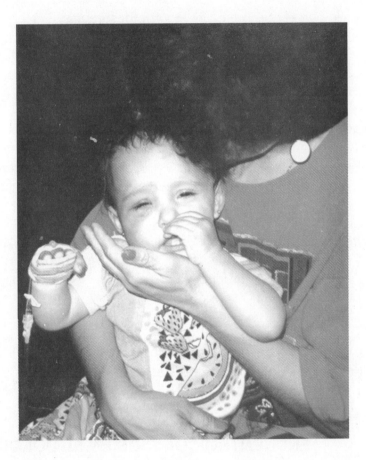

Cuanto más incongruente parezca a los ojos humanos el dolor, más fuerza vivificante hay detrás de él, más trascendencia y más respaldo de un bien mayor.

de "Volar sobre el pantano"

RESPALDO DE UN BIEN MAYOR

Lo que arruina la vida no es un acontecimiento adverso, sino la interpretación que se le da.

de "Volar sobre el pantano"

~·~

Todos lo que el hombre califica como desgracias, a la larga son bendiciones ingentes de Dios. La fatalidad con frecuencia marca el inicio de una nueva vida.

de "Un grito desesperado"

~·~

Nadie puede destruirte. Por mucho que hayas sufrido sigues siendo único, valioso, extraordinario. La tragedia vivida sólo te lleva al crecimiento.

de "Volar sobre el pantano"

~·~

Ciertamente ninguna corrección que merezcamos es motivo de dicha sino de tristeza; pero, más tarde, el dolor dará a los ejercitados en él una vida de paz y rectitud.

de "Un grito desesperado"

~·~

Después de una desgracia debemos buscar el mensaje implícito y seguir adelante con alegría y entusiasmo.

de "Un grito desesperado"

ENCUENTRO CON DIOS EN EL DOLOR

Ocurre algo indeseado y culpamos a Dios, pero el sufrimiento no proviene de Él. Proviene de infringir las leyes de la creación.

de "Volar sobre el pantano"

Ante el dolor, Dios actúa como lo hace todo padre inteligente frente al hijo que se cae: Le agrada que el pequeño aprenda y madure, pero sufre al ver sus lágrimas y le hace saber que lo ama y está con él.

de "Volar sobre el pantano"

~·~

Los tropiezos enseñan y fortalecen. Dios no va a reprocharte tus fracasos. ¡No hay un ser humano perfecto! Nadie arrojará la primera piedra.

de "Un grito desesperado"

~·~

Una tragedia puede significar nacer y morir en un todo ante la contemplación directa del poder de Dios.

de "Un grito desesperado"

~·~

Ante la desgracia dejamos de ufanarnos por una vida "perfecta" y comprendemos que todo lo que poseemos son regalos que, así como se nos dieron, se nos pueden quitar.

de "Un grito desesperado"

~·~

La vida en comunión con el amor es el único bálsamo infalible que sana las heridas y convierte el temor en paz.

de "Un grito desesperado"

~·~

No importa dónde vayas, no importa lo que tengas. Lo que realmente importa es *quién* está a tu lado. Si Dios está a tu lado, no hay crisis que te haga daño, la tribulación es crecimiento y el triunfo para Su gloria.

de "Volar sobre el pantano"

ORACIÓN DE DOS PERSONAS EN LA ADVERSIDAD
Texto tomado de "La última oportunidad"

Dios mío, eres poderoso, sabio, bueno. Señor, gracias por lo que está pasando. No lo entiendo pero Tú sí. Soy el más pequeño de tus hijos. Dame fuerza y valor. Yo sé que Tú eres feliz con mi alegría, sé que no te gusta el dolor. Sáname, Padre. Me entrego a ti sin condiciones. Toma mi vida, Señor... Y toma la vida de mi familia, te la entrego con todo mi amor. Es lo único que tengo.

Dios mío, no me siento capaz de manejar mi vida y mis problemas. Estoy cansado de tanto sufrimiento. Déjame descansar en Ti. Necesito ayuda. De todo corazón, hoy te entrego mi mente, mi alma, mi vida. Soy tuyo, estoy aquí, con mi corazón abierto para recibirte, dispuesto a hacer tu voluntad y a dejarme guiar. Necesito que con tu bálsamo curativo cicatrices mis heridas y me fortalezcas en tu amor.

"NO" A LA DEPRESIÓN
Citas tomadas de "Juventud en éxtasis 2"

El dolor conduce a la depresión y ésta es un piso resbaladizo. Nos hace caer en el alcohol, drogas o amoríos.

~·~

Hay quien suele pasar mucho tiempo deprimido. Algunos encuentran cierto placer en el sufrimiento y cierto sufrimiento en el placer.

~·~

Rechaza el sentirte mal. Rechaza el estar molesto. Rechaza el dolor y la depresión. Aprende de las caídas. Madura con las lágrimas y aférrate a la esperanza.

27

Ley del Dios creador

La perfección de los organismos animales y vegetales, la magnificencia del mundo microscópico, el cerebro humano, los ecosistemas; el universo todo, demuestra la existencia de un Creador "científico" infinitamente inteligente y poderoso.

de "Un grito desesperado"

EL RESPALDO DE LA MADRE NATURALEZA
Citas tomadas de "Un grito desesperado"

Al ir descubriendo científicamente tanta perfección inexplicable, el hombre se ha percatado con más claridad de su pequeñez.

~·~

Detrás de la "Madre Naturaleza" hay una gran sabiduría que la respalda. Lo que propicia la excelencia de todo lo natural es una Inteligencia infinitamente superior que ha diseñado y puesto en marcha cuanto nos rodea.

~·~

Sólo un hombre de muy corta visión puede argumentar que las incomprensiblemente perfectas maravillas naturales se hayan creado "solas".

~·~

El azar no pudo haber creado la creación. Si la palabra "imposible" logra usarse en su justa medida, es en este caso. Sólo un necio podría negar algo tan obvio.

~·~

No sólo la creación nos grita que Dios existe; también esa sed que tenemos de Él y la sensación que llevamos dentro de haber sido hechos por alguien, para algo.

~·~

Es en el interior de nuestro ser, al comparar la satisfacción de hacer el bien con el desasosiego de obrar el mal y al recapacitar en nuestra tendencia natural a superarnos, es donde nos convencemos de la existencia de Dios.

28

Ley de la fe en Dios

Es Dios quien desciende a nosotros para darnos su amor.
Al aceptarlo, se convierte en nuestra fortaleza y nosotros
en sus hijos y herederos. Sólo la fe en Él, es útil.

de "La fuerza de Sheccid"

LA FE

Citas tomadas de "La fuerza de Sheccid"

Los seres humanos somos tan pequeños y limitados que nos resultaría imposible llegar a Dios por nuestras propias fuerzas. Pero Él, en su infinita bondad, baja para tendernos la mano.

~·~

Fe es la certeza de lo que no se ve. Dios mismo se acerca a ti. Él es quien te busca y te llama por tu nombre. Ten fe en ello y tu vida cambiará.

~·~

La fe por sí misma no sirve para nada. Lo importante es *en quién* se deposita esa fe.

~·~

Cuento del río congelado

Había una persona que necesitaba cruzar a pie un río congelado y tenía muchísima fe en que el suelo soportaría su peso, pero no sabía que el hielo era delgado y frágil. Así que, cuando comenzó a caminar, la capa helada se rompió, cayó al agua y se ahogó.

Otra persona, río arriba, también necesitaba cruzar, pero a diferencia de la primera tenía mucho miedo y casi nada de fe, apenas la suficiente —como un grano de mostaza—, para caminar titubeando, temerosa, por el piso congelado; pero, como apoyaba sus pies sobre hielo duro y grueso, logró pasar sin problemas.

~·~

Cuando alguien tiene fe en algo precario como horóscopos, colores, piedras, cristales, anda perdido en un laberinto. Si tiene fe en Jesucristo se ha posado sobre la única roca fuerte que no se hundirá.

El AMOR QUE SALVA

En la caída del abismo, sólo la mano amorosa de nuestro Padre Creador nos asirá con fuerza y nos levantará.

de "Volar sobre el pantano"

~·~

Sal del pantano. No perteneces a él. Tienes alas de águila. Acepta el amor de Dios en tu vida. Sólo eso podrá hacerte volar.

de "Volar sobre el pantano"

~·~

A pesar de nuestros errores, Dios está ahí, ofreciéndonos sus brazos, su amor incondicional, su inconmensurable cariño de Padre.

de "Volar sobre el pantano"

~·~

Si estás herido, podrás acudir a la filosofía, a la terapia psicoanalítica o a las cartas astrales, pero nada de eso te ayudará; serán analgésicos temporales. Tarde o temprano comprenderás que Dios es la única persona que puede sanar tus heridas profundas.

de "Un grito desesperado"

~·~

Dios es una presencia real en nuestro mundo, no pertenece a otra dimensión. Está presente en nuestras vidas si deseamos tener una relación personal con Él.

de "Un grito desesperado"

~·~

Dios te conoce muy bien, te ama con todos tus yerros, con tu pasado, cualquiera que éste sea. Él es Amor y tiene los brazos abiertos hacia ti.

de "Un grito desesperado"

Aprende a no depositar todo tu amor y toda tu confianza en los seres humanos. Las personas flaqueamos y fallamos. Sólo entregando tu vida, tus pertenencias y tu amor total al Señor, hallarás la misión que dará sentido a tu existencia.

de "Volar sobre el pantano"

RINDIÉNDOSE ANTE DIOS
Texto tomado de "La fuerza de Sheccid"

Padre bueno, estoy muy dolido. Hoy quiero aprender a caminar de tu mano. Sé que sólo Tú puedes consolarme. Ven. Abrázame. Dios mío, soy como un bebé indefenso en medio de la selva. No entiendo lo que me pasa, pero Tú sí. Me creaste con un propósito y no sé cómo cumplirlo; me diste dones que no sé usar. Depositaste en mí tu confianza y no quiero decepcionarte. Rescátame, por favor. Soy un inútil, pero en tus manos seré útil. Soy una víctima, pero Tú me harás triunfador. Soy una molécula de agua sucia, pero junto a Ti, que eres el mar, formaré parte del océano. Hoy renuncio para siempre a horóscopos, colores, piedras, cristales y amuletos. Te entrego totalmente mi vida, no de forma sino de fondo, no de palabras sino de corazón.

Profundice en los conceptos leyendo las obras completas del autor

UN GRITO DESESPERADO
Carlos Cuauhtémoc Sánchez

NOVELA DE SUPERACIÓN PARA PADRES E HIJOS

JUVENTUD EN ÉXTASIS
Carlos Cuauhtémoc Sánchez

NOVELA DE VALORES SOBRE NOVIAZGO Y SEXUALIDAD

LA ULTIMA OPORTUNIDAD
Carlos Cuauhtémoc Sánchez

NOVELA DE SUPERACIÓN PERSONAL Y CONYUGAL

VOLAR SOBRE EL PANTANO
Carlos Cuauhtémoc Sánchez

NOVELA DE VALORES PARA SUPERAR LA ADVERSIDAD Y TRIUNFAR

LA FUERZA DE SHECCID
Carlos Cuauhtémoc Sánchez

UNA IMPACTANTE HISTORIA DE AMOR CON MENSAJE DE VALORES

JUVENTUD EN ÉXTASIS 2
Carlos Cuauhtémoc Sánchez
Curso definitivo sobre conducta sexual

CURSO DEFINITIVO SOBRE CONDUCTA SEXUAL

El Precio del Exito
(CONFERENCIA)
Carlos Cuauhtémoc Sánchez

CALIDAD HUMANA
(CONFERENCIA)
Carlos Cuauhtémoc Sánchez

Carlos Cuauhtémoc Sánchez
Cómo Pelear con sus Seres Queridos

Audiocasetes

Esta obra se terminó de imprimir en diciembre de 1999
en los talleres de Imprentor, S. A. de C. V.
ESD-3-23-M-52-99-21